Essential

<u>Dutch</u>

phrase book

PERIPLUS

First published in 2001 by Periplus Editions (HK) Ltd., with editorial
offices at 153 Milk Street, Boston, Massachusetts 02109 and
130 Joo Seng Road, #06-01/03 Singapore 368357

LCC Card No. 00105583

ISBN: 962-593-927-X

Distributed by:

North America, Latin America & Europe
Tuttle Publishing
364 Innovation Drive
North Clarendon, VT 05759-9436, USA
Tel: (802) 773 8930; Fax: (802) 773 6993
Email: info@tuttlepublishing.com
www.tuttlepublishing.com

Japan
Tuttle Publishing
Yaekari Building, 3F, 5-4-12 Osaki, Shinagawa-ku,
Tokyo 141-0032, Japan
Tel: (03) 5437 0171; Fax: (03) 5437 0755
Email: tuttle-sales@gol.com

Asia-Pacific
Berkeley Books Pte Ltd
130 Joo Seng Road, 06-01/03, Singapore 368357
Tel: (65) 6280 1330; Fax: (65) 6280 6290
Email: inquiries@periplus.com.sg
www.periplus.com

08 07 06 05 04   8 7 6 5 4 3 2

Printed in Singapore

Contents

Introduction   5

Pronunciation table   6

1   Useful lists   8–17

1.1	Today or tomorrow?	9
1.2	Legal holidays	10
1.3	What time is it?	11
1.4	One, two, three ...	12
1.5	The weather	14
1.6	Here, there ...	15
1.7	What does that sign say?	16
1.8	Telephone alphabet	16
1.9	Personal details	17

2   Courtesies   18–23

2.1	Greetings	19
2.2	How to ask a question	20
2.3	How to reply	21
2.4	Thank you	22
2.5	Sorry	22
2.6	What do you think?	23

3   Conversation   24–32

3.1	I beg your pardon?	25
3.2	Introductions	26
3.3	Starting/ending a conversation	28
3.4	Congratulations and condolences	28
3.5	A chat about the weather	28
3.6	Hobbies	29
3.7	Being the host(ess)	29
3.8	Invitations	29
3.9	Paying a compliment	30
3.10	Intimate comments/ questions	31
3.11	Arrangements	31
3.12	Saying good-bye	32

4   Eating out   33–44

4.1	On arrival	34
4.2	Ordering	35
4.3	The bill	37
4.4	Complaints	37
4.5	Paying a compliment	38
4.6	The menu	38
4.7	Alphabetical list of drinks and dishes	39

5   On the road   45–57

5.1	Asking for directions	46
5.2	Customs	47
5.3	Luggage	48
5.4	Traffic signs	48
5.5	The car	49
	The parts of a car	52–53
5.6	The gas station	49
5.7	Breakdowns and repairs	50
5.8	The bicycle/moped	51
	The parts of a bicycle	54–55
5.9	Renting a vehicle	56
5.10	Hitchhiking	56

6   Public transportation   58–64

6.1	In general	59
6.2	Questions to passengers	60

6.3	**T**ickets	61
6.4	**I**nformation	62
6.5	**A**irplanes	63
6.6	**T**rains	63
6.7	**T**axis	63

7 **O**vernight accommodation **65–72**

7.1	**I**n General	66
7.2	**C**amping	67
	Camping equipment	
		68–69
7.3	**H**otel/B&B/apartment/ holiday rental	70
7.4	**C**omplaints	71
7.5	**D**eparture	72

8 **M**oney matters **73–75**

8.1	**B**anks	74
8.2	**S**ettling the bill	75

9 **M**ail and telephone **76–80**

9.1	**M**ail	77
9.2	**T**elephone	78

10 **S**hopping **81–89**

10.1	**S**hopping conversations	83
10.2	**F**ood	84
10.3	**C**lothing and shoes	85
10.4	**P**hotographs and video	86
10.5	**A**t the hairdresser's	87

11 **A**t the Tourist Information Center **90–95**

11.1	**P**laces of interest	91
11.2	**G**oing out	93
11.3	**R**eserving tickets	94

12 **S**ports **96–98**

12.1	**S**porting questions	97
12.2	**B**y the waterfront	97
12.3	**I**n the snow	98

13 **S**ickness **99–105**

13.1	**C**all (get) the doctor	100
13.2	**P**atient's ailments	100
13.3	**T**he consultation	101
13.4	**M**edication and prescriptions	103
13.5	**A**t the dentist's	104

14 **I**n trouble **106–111**

14.1	**A**sking for help	107
14.2	**L**oss	108
14.3	**A**ccidents	108
14.4	**T**heft	109
14.5	**M**issing person	109
14.6	**T**he police	110

15 **W**ord list **112–149**

Basic grammar 150–152

Introduction

● **Welcome to the Periplus new Essential Phrase Books series, covering the world's most popular languages and containing everything you'd expect from a comprehensive language series. They're concise, accessible and easy to understand, and you'll find them indispensable on your trip abroad.**

Each guide is divided into 15 themed sections and starts with a pronunciation table which explains the phonetic pronunciation to all the words and phrases you'll need to know for your trip, while at the back of the book is an extensive word list and grammar guide which will help you construct basic sentences in your chosen language.

Throughout the book you'll come across colored boxes with a 🔄 beside them. These are designed to help you if you can't understand what your listener is saying to you. Hand the book over to them and encourage them to point to the appropriate answer to the question you are asking.

Other colored boxes in the book—this time without the symbol—give alphabetical listings of themed words with their English translations beside them.

For extra clarity, we have put all English words and phrases in black, foreign language terms in red and their phonetic pronunciation in italic.

This phrase book covers all subjects you are likely to come across during the course of your visit, from reserving a room for the night to ordering food and drink at a restaurant and what to do if your car breaks down or you lose your traveler's checks and money. With over 2,000 commonly used words and essential phrases at your fingertips you can rest assured that you will be able to get by in all situations, so let the Essential Phrase Book become your passport to a secure and enjoyable trip!

Pronunciation table

English speakers can imitate the actual sounds of the words by saying the version in italics. Pronounce each syllable as if it formed part of an English word and you should be understood. If you bear the following points in mind as well, your pronunciation should be more accurate.

Vowels

a	pronounced as	**a**	in smart
a/aa	pronounced as	**ah**	
auw	pronounced like	**ough**	in Slough
e	pronounced as	**e**	in test
e/ee	pronounced as	**ay**	in may
er	at the beginning of words this is often pronounced as air but within and at the ends of words it is between the English **er** in water and the English sound air. These sounds are separately represented in imitated pronunciation by **air** and **er**		
eu	imitate with a nasal **ay** with pursed lips. The sound has no equivalent in English but can be approximated by voicing a diffident **er** sound but has been written -eu- in the imitated pronunciations		
i	pronounced as	**i** in it	
ie	pronounced like	**ee** in feet	
ij/ei	imitate with	**aye** like the English word aye	
o	pronounced as	**o** in hot	
oe	pronounced as	**oo** in boot	
oo	pronounced as	**oa** in boat	
ou/au	pronounced as	**ou** in house	
u	in middle of word pronounced as **u** in hurt		
u/uu/uw	imitate with	**oo**	
ui	imitate with	**owa**, with the **ow** of cow and an almost unvoiced short **a**	

Consonants

b	as in English but pronounce like **p** in cup at the end of a word
c	before a consonant or **a**, **o**, **u**, pronounce as **k** in kick before **e** and **i** pronounce as **s** in set
ch	usually pronounced as **ch** in loch but in words of French origin pronounced like **sh** in shoot
chtj	pronounce as **ch** in loch followed by Dutch **j**
d	as in English except at end of word when usually pronounced like **t** in hat
g	pronounced as **ch** in loch at the end of a word or before a strong consonant in a few words of French origin as **s** in treasure in all other cases pronounced like a softer version of **ch** in loch
j	pronounced as **y** in yes in words borrowed from French as **s** in treasure
nj	pronounced as **ni** in onion
r	the **r** is trilled in the front or back of the mouth
sj	pronounced as **sh** in shut
sch	pronounced as **s** followed instantly by the Dutch sound for **ch**

th	pronounced as **t** in tea
tj	pronounced like **t** in hit followed closely by the **y** of you
v	often pronounced like **f** in feel
w	similar in pronunciation to English **v** in vase

Hyphens have been used in the imitated pronunciation to split words into sounds you can imitate and to prevent ambiguity with varying sounds in English of various letter combinations. In common with other languages, the correct sound of a word in Dutch requires stress on the correct syllable, but if you pronounce the words that have been divided by hyphens as though these are separate syllables you will also approximate the stress. Native and fluent speakers will of course run many of these sounds together.

Useful lists

1.1 Today or tomorrow? 9

1.2 Legal holidays 10

1.3 What time is it? 11

1.4 One, two, three 12

1.5 The weather 14

1.6 Here, there... 15

1.7 What does that sign say? 16

1.8 Telephone alphabet 16

1.9 Personal details 17

 .1 Today or tomorrow?

What day is it today? _____	Welke dag is het vandaag?
	Vel-ke dakh is het fan-dakh?
Today's Monday_____	Vandaag is het maandag
	Fan-dakh is het maan-dakh
– Tuesday_____	Vandaag is het dinsdag
	Fan-dakh is het dins-dakh
– Wednesday _____	Vandaag is het woensdag
	Fan-dakh is het woons-dakh
– Thursday_____	Vandaag is het donderdag
	Fan-dakh is het donder-dakh
– Friday_____	Vandaag is het vrijdag
	Fan-dakh is het fraye-dakh
– Saturday _____	Vandaag is het zaterdag
	Fan-dakh is het zater-dakh
– Sunday _____	Vandaag is het zondag
	Fan-dakh is het zon-dakh
in January _____	in januari
	in yan-oo-aree
since February _____	sinds februari
	sinze feb-roo-aree
in the spring _____	in de lente
	in de len-te
in the summer _____	in de zomer/ 's zomers
	in de zoamer/ szoamers
in autumn _____	in de herfst
	in de herfst
in winter_____	in de winter/ 's winters
	in de winter/ swinters
2001_____	negentien-negen-en-negentig
	naykhen-teen naykhen an naykhentikh
the twentieth century _____	de twintigste eeuw
	de twintikh-sta ay-oo
What is the date today?____	De hoeveelste is het vandaag?
	De hoo-fayl-sta is het fan-dakh?
Today's the 24th_____	Vandaag is het de vierentwintigste
	Fan-dakh is het de feer-en-twintikh-sta
Monday 5 November _____ 2001	maandag vijf november, negentien-negen-en-negentig
	maan-dakh fayef november, naykhenteen-naykhen-en-naykhentikh
in the morning _____	's morgens
	smorkhens
in the afternoon _____	's middags
	smiddakhs
in the evening _____	's avonds
	safonds
at night_____	's nachts
	snakhts
this morning _____	vanmorgen
	fan-morkha

this afternoon _____ vanmiddag
fan-middakh

this evening _____ vanavond
fan-afond

tonight _____ vannacht (komende nacht)
fan-nakht (koa-men-da nakht)

last night _____ vannacht (afgelopen nacht)
fan-nakht (af-kha-loap-a nakht)

this week _____ deze week
day-ze wayk

next month _____ volgende maand
folkhenda maand

last year _____ vorig jaar
forikh yaar

next... _____ aanstaande...
aan-staan-de

in...days/weeks/ _____ over...dagen/weken/maanden/jaar
  months/years *oafer...daakhen/wayken/maanden/yaar*

...weeks ago _____ ... weken geleden
... wayken khe-layda

day off _____ vrije dag
vraye dakh

1 .2 Legal Holidays

● The main public holidays in The Netherlands (NL) and Belgium (B) are the following:

January 1   Nieuwjaarsdag (New Year's Day) NL B
Ni-oo-yaars-dakh

Friday before Easter *   Goede Vrijdag (Good Friday) NL
Khooda Frayedakh

Monday after Easter   Paasmaandag (Easter Monday)
Paasmaandakh

April 30   Koninginnedag (Queen's birthday) NL
Cone-ing-inna-dakh

May 1   Dag van de Arbeid (Labor Day) B
Dakh fan de arbayed

May 5   Bevrijdingsdag (Liberation Day) NL
Be-fraye-dings-dakh

Ascension Day   Hemelvaartsdag NL B
(movable date)   *Haymel-varts-dakh*

Pentecost   Pinkstermaandag (Pinkstermaandag) NL B
Pinkster-maandakh

July 21   Nationale Feestdag (National Day) B
Nashon-alla Faystdakh

August 15   Maria Hemelvaart (Assumption Day) B
Maria Haymelvart

November 1   Allerheiligen (All Saints Day) B
Aller-hayl-ikhen

November 11   Wapenstilstandsdag (Armistice Day) B
Waapen-still-stands-dakh

December 25   Kerstdag (Christmas Day) NL B
Kairst-dakh

December 26   Tweede Kerstdag NL
Tway-de Kairst-dakh

* Only in parts of the south of The Netherlands

What time is it? _____	Hoe laat is het?
	Hoo laat is het?
It's nine o'clock (am)_____	Het is negen uur
	Het is naykhen oor
– five past ten_____	Het is vijf over tien
	Het is fayef oafer teen
– a quarter past eleven ____	Het is kwart over elf
	Het is kwart oafer el-ef
– twenty past twelve (pm) _	Het is tien voor half een
	Het is teen for hal-ef ayn
– half past one (pm) _____	Het is dertien uur dertig/ ... half twee
	Het is der-teen oor der-tikh/ ... hal-ef tway
– twenty-five to three (pm)_	Het is veertien uur vijf en dertig/ ... vijf over half drie
	Het is fayr-teen oor fayef en der-tikh/ ... fayef oafer hal-ef dree
– a quarter to four (pm) ____	Het is vijftien uur vijf en veertig/ ... kwart voor vier
	Het is fayef-teen oor fayef en feer-tikh/ ... kwart for feer
– ten to five _____	Het is zestien uur vijftig/ ... tien voor vijf
	Het is zessteen oor fayef-tikh/ ... teen for fayef
– twelve noon_____	Het is twaalf uur 's middags
	Het is twal-ef oor smiddakhs
– midnight _____	Het is twaalf uur 's nachts
	Het is twal-ef oor snakhts
half an hour _____	een half uur
	an hal-ef oor
What time? _____	Om hoe laat?
	Om hoo laat?
What time can I come _____ round?	Hoe laat kan ik langskomen?
	Hoo laat kan ik langskoamen?
At... _____	Om ...
	Om
After... _____	Na ...
	Na ...
Before... _____	Voor
	For
Between...and... _____	Tussen ... en ...
	Tussen ... en ...
From...to... _____	Van ... tot ...
	Fan ... tot ...
In...minutes _____	Over ... minuten
	Oafer ... minooten
– an hour _____	Over een uur
	Oafer an oor
– a quarter of an hour _____	Over een kwartier
	Oafer an kwarteer
– three quarters of_____ an hour	Oafer drie kwartier
	Oafer dree kwarteer
early/late _____	te vroeg/laat
	te frookh/laat
on time_____	op tijd
	op tayet

summer time _____	zomertijd	
	zoamer-tayet	
winter time _____	wintertijd	
	vinter-tayet	

1 .4 **O**ne, two, three...

0 _____	nul	*nul*
1 _____	een	*ayn*
2 _____	twee	*tway*
3 _____	drie	*dree*
4 _____	vier	*feer*
5 _____	vijf	*fayef*
6 _____	zes	*zess*
7 _____	zeven	*zayfen*
8 _____	acht	*akht*
9 _____	negen	*naykhen*
10 _____	tien	*teen*
11 _____	elf	*el-ef*
12 _____	twaalf	*twaal-ef*
13 _____	dertien	*derteen*
14 _____	veertien	*fayrteen*
15 _____	vijftien	*fayefteen*
16 _____	zestien	*zessteen*
17 _____	zeventien	*zayfenteen*
18 _____	achttien	*akht-teen*
19 _____	negentien	*naykhen-teen*
20 _____	twintig	*twintikh*
21 _____	eenentwintig	*ayn en twintikh*
22 _____	tweeëntwintig	*tway en twintikh*
30 _____	dertig	*dertikh*
31 _____	eenendertig	*ayn en dertikh*
32 _____	tweeëndertig	*tway en dertikh*
40 _____	veertig	*fayrtikh*
50 _____	vijftig	*fayeftikh*
60 _____	zestig	*zesstikh*
70 _____	zeventig	*zayfentikh*
80 _____	tachtig	*takhtikh*
90 _____	negentig	*naykhentikh*
100 _____	honderd	*honderd*
101 _____	honderd één	*honderd ayn*
110 _____	honderd tien	*honderd teen*
120 _____	honderd twintig	*honderd twintikh*
200 _____	tweehonderd	*twayhonderd*
300 _____	driehonderd	*dreehonderd*
400 _____	vierhonderd	*feerhonderd*
500 _____	vijfhonderd	*fayefhonderd*
600 _____	zeshonderd	*zesshonderd*
700 _____	zevenhonderd	*zayfenhonderd*
800 _____	achthonderd	*akhthonderd*
900 _____	negenhonderd	*naykhenhonderd*
1000 _____	duizend	*dowzend*
1100 _____	elfhonderd	*el-ef honderd*
2000 _____	tweeduizend	*twaydowzend*

10,000	tienduizend	*teen-dowzend*
100,000	honderdduizend	*honderd dowzend*
1,000,000	miljoen	*mil-yoon*
1st	eerste	*ayr-sta*
2nd	tweede	*tway-da*
3rd	derde	*derda*
4th	vierde	*feerda*
5th	vijfde	*fayefda*
6th	zesde	*zessda*
7th	zevende	*zayfenda*
8th	achtste	*akhsta*
9th	negende	*naykhenda*
10th	tiende	*teenda*
11th	elfde	*el-efda*
12th	twaalfde	*twaal-efda*
13th	dertiende	*derteenda*
14th	veertiende	*fayrteenda*
15th	vijftiende	*fayefteenda*
16th	zestiende	*zessteenda*
17th	zeventiende	*zayfenteenda*
18th	achtiende	*akhtteenda*
19th	negentiende	*naykhenteenda*
20th	twintigste	*twintikhste*
21st	eenentwintigste	*aynentwintikhste*
22nd	tweeëntwintigste	*twayentwintikhste*
30th	dertigste	*dertikhste*
100th	honderdste	*honderdsta*
1,000th	duizendste	*dowzendsta*
once	eenmaal	*ayn-maal*
twice	tweemaal	*tway-maal*
double	het dubbele	*het dub-bel-le*
triple	het driedubbele	*het dree-dub-bel-le*
half	de helft	*de hel-eft*
a quarter	een kwart	*ayn kwart*
a third	een derde	*ayn derda*
a couple, a few, some	een paar, een aantal, enkele	
	an paar, an aan-tal, en-ke-le	
2 + 4 = 6	twee plus vier is zes	
	tway plus feer is zess	
4 – 2 = 2	vier min twee is twee	
	feer min tway is tway	
2 x 4 = 8	twee keer vier is acht	
	tway keer feer is acht	
4 ÷ 2 = 2	vier gedeeld door twee is twee	
	feer khedaylt dor tway is tway	
even/odd	even/oneven	
	ayfan/onayfan	
total	(in) totaal	
	(in) toa-taal	
6 x 9 (area)	zes bij negen (oppervlaktemaat)	
	zess baye naykhen (opperflakta-maat)	

Useful lists

Is the weather going_____ to be good/bad?	Wordt het mooi/slecht weer? *Vort-et mow-ee/slekht weer?*
Is it going to get _____ colder/warmer?	Wordt het kouder/warmer? *Vort-et kowder/warmer?*
What temperature is it_____ going to be?	Hoeveel graden wordt het? *Hoofayl khraada vort-et?*
Is it going to rain?_____	Gaat het regenen? *Khaat-et raykhana?*
Is there going to be a_____ storm?	Gaat het stormen? *Khaat-et storma?*
Is it going to snow? _____	Gaat het sneeuwen? *Khaat-et snay-oo-wen?*
Is it going to freeze? _____	Gaat het vriezen? *Khaat-et freezen?*
Is the thaw setting in? ____	Gaat het dooien? *Khaat-et doa-yan?*
Is it going to be foggy? ____	Gaat het misten? *Khaat-et mist-en?*
Is there going to be a_____ thunderstorm?	Komt er onweer? *Komt-air onwayr?*
The weather's changing ___	Het weer slaat om *Het wayr slaat om*
It's cooling down _____	Het koelt af *Het koolt af*
What's the weather_____ going to be like today/ tomorrow?	Wat voor weer wordt het vandaag/morgen? *Vat for wayr vort-et vandakh/morkha?*

benauwd	onbewolkt
muggy	clear
betrokken	onweersbui
overcast	thunderstorm
bewolkt	regen
cloudy	rain
... graden (boven/onder nul)	regenbui
... degrees (above/below zero)	shower
heet	vorst
hot	frost
ijzel	regenachtig
black ice	wet
kil	rukwinden
chilly	squalls
koud	sneeuw
cold	snow
mist	zacht
fog	mild
mooi	zonnig
fine	sunny
motregen	
drizzle	

1.6 **H**ere, there...

See also 5.1 Asking for directions

here/there	hier/daar
	heer/daar
somewhere/nowhere	ergens/nergens
	erkhens/nerkhens
everywhere	overal
	oafer-al
far away/nearby	ver weg/dichtbij
	fer vekh/dikhtbaye
right/left	naar rechts/links
	naar rekhts/links
straight ahead	rechtdoor
	rekhtdoor
via	via
	fee-a
in	in
	in
on	op
	op
under	onder
	on-der
against	tegen
	taykhen
opposite	tegenover
	taykhen-oafer
next to	naast
	naast
near	bij
	baye
in front of	voor
	foar
in the center	in het midden
	in het midda
forward	naar voren
	naar foara
down	(naar) boven
	(naar) boafa
inside	(naar) binnen
	(naar) bin-nun)
outside	(naar) buiten
	(naar) bowten
behind	achter
	akhter
at the front	vooraan
	foar-aan
at the back	achteraan
	akhter-aan
in the north	in het noorden
	in het norden
to the south	naar het zuiden
	naar het zowden
from the west	uit het westen
	owt het vesten

Useful lists

15

from the east _____	van het oosten
	fan het oasten
...of _____	ten ..van
	ten ... fan

 .7 What does that sign say?

See 5.4 Traffic signs

bediening aan de bar	hoogspanning	praktijk tandarts
counter	high voltage	dentist
service only	huisdieren niet	privé
bezet	toegestaan	private
engaged	no pets allowed	roltrap
binnen te vragen	ingang	escalator
enquire within	entrance	stoot uw hoofd niet
brandblusser	inlichtingen	watch your head
fire extinguisher	information	te huur
brandgevaar	kassa	for hire
fire hazard	pay here	te koop
brandtrap	let op het afstapje	for sale
fire escape	watch your step	trekken
dames (wc)	metro	pull
women (toilet)	subway	uitgang
defect	niet aanraken	exit
out of order	do not touch	uitverkoop
duwen	niet storen a.u.b.	sale
push	please do not disturb	verboden afval te
eerste hulp	noodrem	laten liggen
casualty/first aid	emergency brake	do not litter
... etage/verdieping	nooduitgang	verboden op het
... floor	emergency exit	gras te lopen
geen teruggave van	open vuur verboden	keep off the grass
wisselgeld	no open fires	verboden te roken
no change given	openingstijden	no smoking
gereserveerd	opening hours	verboden toegang
reserved	opheffingsuitverkoop	no entry
gesloten	close-out sale	... verdieping/etage
closed	opruiming	... floor
gevaar	clearance sale	vol
danger	pas geverfd	full
gratis mee te nemen	wet paint	VVV
please take one	pas op voor de hond	tourist information
halte op verzoek	beware of the dog	wacht hier in de rij
request stop	praktijk huisarts	wait in line here
heren (wc)	doctor's office	ziekenhuis
men (toilet)		hospital

 .8 Telephone alphabet

a	*ah*	Anna	*an-na*
b	*bay*	Bernard	*bern-ard*
c	*say*	Cornelis	*korn-aylis*
d	*day*	Dirk	*dir-ik*
e	*ay*	Eduard	*ay-doo-ard*
f	*eff*	Ferdinand	*fer-din-ant*
g	*khay*	Gerard	*khayrard*

h _____ *hah*	Hendrik	*hen-drik*	
i_____ *ee*	Izaak	*ee-zaak*	
j_____ *yay*	Jan	*yan*	
k _____ *kah*	Karel	*kaarel*	
l_____ *el*	Lodewijk	*loa-de-waye-k*	
m _____ *em*	Marie	*ma-ree*	
n _____ *en*	Nico	*ni-co*	
o _____ *ow*	Otto	*ot-toa*	
p _____ *pay*	Pieter	*pee-tair*	
q _____ *koo*	Quadraat	*kwad-raat*	
r_____ *air*	Rudolf	*rood-olef*	
s _____ *ess*	Simon	*see-mon*	
t_____ *tay*	Theodoor	*tayoh-doar*	
u _____ *oo-we*	Utrecht	*oo-trekht*	
v _____ *fay*	Victor	*fik-tor*	
w_____ *way*	Willem	*vil-em*	
x _____ *ex*	Xantippe	*zan-tippa*	
y _____ *ee-grek*	Ypsilon	*up-sil-on*	
ij _____ *lang-a ay-ya*	IJmuiden	*aye-mow-de*	
z _____ *zed*	Zaandam	*zaan-dam*	

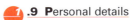

.9 **P**ersonal details

surname_____	achternaam	
	akhter-naam	
first name(s) _____	voornaam/voornamen	
	fornaam/fornaamen	
initials_____	voorletters	
	for-letters	
address (street/number) ___	adres (straat/nummer)	
	address (straat/nummer)	
postal/zip code/town_____	postcode/woonplaats	
	posstkoda/woan-plaats	
sex (male/female) _____	geslacht (mannelijk/vrouwelijk)	
	kha-slakht (mon-na-layk/frow-wa-layk)	
nationality _____	nationaliteit	
	nashon-al-it-tyt	
date of birth _____	geboortedatum	
	khaborta-datum	
place of birth _____	geboorteplaats	
	khaborta-plaats	
occupation_____	beroep	
	be-roop	
married/single/divorced____	gehuwd/ongehuwd/gescheiden	
	khehoowd/on-khehoowd/kheskhayeden	
widowed _____	weduwe/weduwnaar	
	waydoowa/waydoownaar	
(number of) children _____	(aantal) kinderen	
	(aan-tal) kindera	
passport/identity _____	passpoort/legitimatie/rijbewijs nummer	
card/driving license	*pasport/laykheetee-maatsee/raye-be-wayes*	
number	*nummer*	
place and date of issue ____	plaats en datum van aangifte	
	plaats en daatum fon an-khifte	

Courtesies

2.1 Greetings 19

2.2 How to ask a question 20

2.3 How to reply 21

2.4 Thank you 22

2.5 Sorry 22

2.6 What do you think? 23

Courtesies

2 **.1 G**reetings

Hello, Mr Smith	Dag meneer Smith
	Dakh meneer Smith
Hello, Mrs Jones	Dag mevrouw Jones
	Dakh mafrough Jones
Hello, Peter	Hallo, Peter
	Hallo, Payter
Hi, Helen	Hoi, Helen
	Hoy, Hell-en
Good morning, madam	Goedemorgen mevrouw
	Khooda-morkha mafrough
Good afternoon, sir	Goedemiddag meneer
	Khooda-middakh meneer
Good evening	Goedenavond
	Khooda-afont
How are you?	Hoe gaat het ermee?
	Who khaat-et air-may?
Fine, thank you, and you?	Prima, en met u?
	Preema, en met oo?
Very well	Uitstekend
	Owt-stake-ent
Not very well	Niet zo goed
	Neet zo khood
Not too bad	Gaat wel
	Khaat vel
I'd better be going	Ik ga maar eens
	Ik kha maar ayns
I have to be going.	Ik moet er vandoor. Er wordt op mij
Someone's waiting	gewacht.
for me	*Ik moot er fan-door. Er wort op may khevakht*
Bye!	Dag!
	Dakh!
Good-bye	Tot ziens
	Tot zeens
See you soon	Tot gauw
	Tot khow
See you later	Tot straks
	Tot straks
See you in a little while	Tot zo
	Tot zoa
Sleep well/good night	Welterusten
	Vel-te-rust-a
Good night	Goedenacht
	Khooda-nakht
All the best	Het beste
	Het besta
Have fun	Veel plezier
	Fayl playzeer
Good luck	Veel geluk
	Fayl kheluk

Have a nice vacation _____ Prettige vakantie
Pretikha vakant-see

Have a good trip _____ Goede reis
Khooda rayes

Thank you, you too _____ Bedankt, insgelijks
Bedankt, ins kha-likes

Say hello to...for me _____ De groeten aan...
De khrooten aan...

 **.2 How to ask a question**

Who? _____ Wie?
Vee?

Who's that? _____ Wie is dat?
Vee is dat?

What? _____ Wat?
Vat?

What's there to _____ Wat is hier te zien?
see here? *Vat is heer te zeen?*

What kind of hotel _____ Wat voor soort hotel is dat?
is that? *Vat for sort hotel is dat?*

Where? _____ Waar?
Vaar?

Where's the bathroom? ___ Waar is het toilet?
Vaar is het twa-let?

Where are you going? ____ Waar gaat u naar toe?
Vaar khat oo naar too?

Where are you from? _____ Waar komt u vandaan?
Vaar komt u fan-daan?

How? _____ Hoe?
Hoo?

How far is that? _____ Hoe ver is dat?
Hoo fer is dat?

How long does it take? ____ Hoe lang duurt dat?
Hoo lang doo-ert dat?

How long is the trip? _____ Hoe lang duurt de reis?
Hoo lang doo-ert de rayes?

How much? _____ Hoeveel?
Hoo-fayl?

How much is this? _____ Hoeveel kost dit?
Hoo-fayl kost dit?

What time is it? _____ Hoe laat is het?
Hoo laat is het?

Which? _____ Welk/Welke?
Vel-ek/Vel-ke?

Which glass is mine? _____ Welk glas is voor mij?
Vel-ek khlas is for maye?

When? _____ Wanneer?
Vaneer?

When are you leaving? ____ Wanneer vertrekt u?
Vaneer fertrekt-oo?

Why? _____ Waarom?
Varom?

Could you...me? _____ Kunt u me ... ?
Koont-oo ma ... ?

Could you help me, _____ Kunt u me helpen, alstublieft?
please? *Koont-oo ma helpen als-too-bleeft?*

Could you point that_____ out to me?	Kunt u me dat wijzen? *Kunt-oo ma dat wayezen?*
Could you come _____ with me, please?	Kunt u met me meegaan alsublieft? *Kunt-oo met ma may-khan als-too-bleeft*
Could you... _____	Wilt u...? *Vilt-oo...?*
Could you reserve some ___ tickets for me, please?	Wilt u voor mij kaartjes reserveren alstublieft? *Vilt-oo voor maye kart-yas reserv-ayren als-too-bleeft*
Do you know...? _____	Weet u ... ? *Vayt-oo?*
Do you know another_____ hotel, please?	Weet u misschien een ander hotel? *Vayt-oo miss-kheen an ander hotel*
Do you have...? _____	Heeft u ... ? *Hayft-oo ... ?*
Do you have a...for me? ___	Heeft u voor mij een ... ? *Hayft-oo foar maye ayn...?*
Do you have a _____ vegetarian dish, please?	Heeft u misschien een vegetarisch gerecht *Hayft-oo miss-kheen an vaykha-taarees khe-rekht?*
I'd like... _____	Ik wil graag ... *Ik vil khraakh ...*
I'd like a kilo of apples, ____ please	Ik wil graag een kilo appels *Ik vil khraakh an keelo appels*
Can I...? _____	Mag ik ... ? *Makh-ik ... ?*
Can I take this? _____	Mag ik dit meenemen? *Makh ik dit maynaymen?*
Can I smoke here? _____	Mag ik hier roken? *Makh ik heer roak-en?*
Could I ask you _____ something?	Mag ik wat vragen? *Makh ik vat frakh-en?*
Yes, of course _____	Ja, natuurlijk *Ya, nat-oor-lik*

.3 How to reply

No, I'm sorry _____	Nee, het spijt me *Nay, het spayet ma*
Yes, what can I do _____ for you?	Ja, wat kan ik voor u doen? *Ya, vat kan ik for oo doo-en?*
Just a moment, please ____	Een ogenblikje alstublieft *An oakhenblik-ya als-too-bleeft*
No, I don't have _____ time now	Nee, ik heb nu geen tijd *Nay, ik hep noo khayn tayet*
No, that's impossible _____	Nee, dat is onmogelijk *Nay, dat is on-moakh-elik*
I think so _____	Ik geloof het wel *Ik khe-loaf het vel*
I agree _____	Ik denk het ook *Ik denk het oak*
I hope so too _____	Ik hoop het ook *Ik hoap het oak*
No, not at all _____	Nee, helemaal niet *Nay, hayl-a-mal neet*

No, no one _____	Nee, niemand
	Nay, neemant
No, nothing _____	Nee, niets
	Nay, nix
That's (not) right _____	Dat klopt (niet)
	Dat klopt (neet)
I (don't) agree _____	Dat ben ik (niet) met u eens
	Dat ben ik (neet) met-oo ayns
All right _____	Dat is goed
	Dat is khood
Okay _____	Akkoord
	Ak-kord
Perhaps _____	Misschien
	Miss-kheen
I don't know _____	Ik weet het niet
	Ik vayt het neet
Thank you _____	Bedankt/dank u wel
	Be-dankt/dank-oo-vel

2 .4 Thank you

You're welcome _____	Geen dank/graag gedaan
	Khayn dank/ khraakh khedaan
Thank you very much _____	Heel hartelijk dank
	Hayl hart-a-lik dank
Very kind of you _____	Erg vriendelijk van u
	Erkh freendalik fan oo
I enjoyed it very much _____	Was me een waar genoegen
	Vas ma an vaar khe-noo-khen
Thank you for your _____ trouble	Dank u voor de moeite
	Dank oo for de moo-it-ta
You shouldn't have _____	Dat had u niet moeten doen
	Dat hat oo neet mooten doo-en
That's all right _____	Dat zit wel goed hoor
	Dat zit vel khood hor

2 .5 Sorry

Excuse me _____	Pardon
	Par-don
Sorry! _____	Sorry!
	Soree
I'm sorry, I didn't know... _____	Sorry, ik wist niet dat ...
	Soree, ik vist neet dat ...
Pardon me _____	Neemt u me niet kwalijk
	Naymt-oo ma neet kwal-lik
I'm sorry _____	Het spijt me
	Het spayet ma
I didn't do it on purpose, it was an accident _____	Ik deed het niet expres, het ging per ongeluk
	Ik dayd het neet express, het khing per on-kha-luk
That's all right _____	Dat geeft niet, hoor
	Dat khayft neet, hor
Never mind _____	Laat maar zitten
	Laat mar zitta

| It could've happened to____ anyone | Dat kan iedereen overkomen |
| | *Dat kan eeder-ayn oaferkoama* |

 .6 What do you think?

Which do you prefer? _____	Wat heeft u liever?
	Vat hayft-oo leefer?
What do you think? _____	Wat vind je ervan?
	Wat fint ya air-fan
Don't you like dancing? ___	Houd je niet van dansen?
	How-ya neet fan dansa?
I don't mind _____	Het maakt mij niets uit
	Het maakt maye nix owt
Well done! _____	Goed zo!
	Khood-zo!
Not bad! _____	Niet slecht!
	Neet slekht!
Great! _____	Uit de kunst!
	Owt de kunst
Wonderful! _____	Heerlijk!
	Heerlik!
It's really nice here! _____	Wat is het hier gezellig!
	Vat is het heer khezellikh
How nice! _____	Wat leuk/mooi!
	Vat l-eu-k/mow-ee!
How nice for you! _____	Wat fijn voor u!
	Vat fayen for oo!
I'm (not) very happy _____ with...	Ik ben (niet) erg tevreden over ...
	Ik ben (neet) erkh te-fray-den oafer...
I'm glad... _____	Ik ben blij dat ...
	Ik ben blaye dat
I'm having a great time ___	Ik amuseer me prima
	Ik amooseer ma preema
I'm looking forward to it __	Ik verheug me erop
	Ik ferh-eu-kh ma er-op
I hope it'll work out _____	Ik hoop dat het lukt
	Ik hoap dat het lukt
That's ridiculous! _____	Wat waardeloos!
	Vat vaardeloas!
That's terrible! _____	Wat afschuwelijk!
	Vat afskoowalik!
What a pity! _____	Wat jammer!
	Vat yammer!
That's filthy! _____	Wat vies!
	Vat fees!
What nonsense! _____	Wat een onzin/flauwekul!
	Vat an on-zin/flau-wa-kul!
I don't like... _____	Ik houd niet van ...
	Ik how neet fan . .
I'm bored to death _____	Ik verveel me kapot
	Ik fervayl ma ka-pot
I've had enough _____	Ik heb er genoeg van
	Ik heb-er khenookh fon
This is no good _____	Dat kan zo niet
	Dat kan zo neet
I was expecting something _ completely different	Ik had iets heel anders verwacht
	Ik hat eets hayl anders fervakht

3

Conversation

3.1 **I** beg your pardon?   25

3.2 **I**ntroductions   26

3.3 **S**tarting/ending a conversation   28

3.4 **C**ongratulations and condolences   28

3.5 **A** chat about the weather   28

3.6 **H**obbies   29

3.7 **B**eing the host(ess)   29

3.8 **I**nvitations   29

3.9 **P**aying a compliment   30

3.10 **I**ntimate comments/ questions   31

3.11 **A**rrangements   31

3.12 **S**aying good-bye   32

3 Conversation

3.1 I beg your pardon?

I don't speak any/ I speak a little...	Ik spreek geen/Ik spreek een beetje...
I am American	Ik ben Engels (man)/Engelse (woman)
	Ik ben Eng-els/Eng-elsa
Do you speak English/French/German?	Spreekt u Engels/Frans/Duits?
	Spraykt-oo Eng-els/Frans/Dowts?
Is there anyone who speaks...?	Is er iemand die ... spreekt?
	Is air eemant dee ... spraykt?
I beg your pardon?	Wat zegt u?
	Vat zekht-oo?
I (don't) understand	Ik begrijp het (niet)
	Ik be-grayep het (neet)
Do you understand me?	Begrijpt u mij?
	Begrayept-oo may?
Could you repeat that, please?	Wilt u dat alstublieft herhalen?
	Vilt-oo dat als-too-bleeft her-haal-en
Could you talk more slowly, please?	Kunt u wat langzamer praten?
	Kunt-oo vat langsaamer prata-ten?
What does that (word) mean?	Wat betekent dat/dat woord?
	Vat be-taykent dat/dat woart?
Is that the same as.../Is that similar to...?	Is dat hetzelfde als.../ Is dat ongeveer hetzelfde als...
	Is dat het-zelfda als.../Is dat on-khe-veer het-zelf-da als...
Could you write that down for me, please?	Kunt u dat voor me opschrijven?
	Kunt-oo dat for ma op-skhrayefa?
Could you spell that for me, please?	Kunt u dat voor me spellen?
	Kunt-oo dat for ma spella?

(See 1.8 Telephone alphabet)

Could you point that out in this phrase book, please?	Kunt u dat in deze taalgids aanwijzen?
	Kunt-oo dat in day-ze taal-khids anwayezen?
One moment, please, I have to look it up	Een ogenblik, ik moet het even opzoeken
	Ayn oakhenblik, ik moot het ayfa op-zooken
I can't find the word/the sentence	Ik kan het woord/de zin niet vinden
	Ik kan het woard/de zin neet find-en
How do you say that in...?	Hoe zeg je dat in het ...?
	Hoo zekh ya dat in het ...?
How do you pronounce that?	Hoe spreek je dat uit?
	Hoo sprayk ya dat owt?

Conversation

3

May I introduce myself? ___	Mag ik me even voorstellen? *Makh ik ma ayfa foarstella?*
My name's... _____	Ik heet ... *Ik hayt ...*
I'm... _____	Ik ben ... *Ik ben ...*
What's your name? _____	Hoe heet u? *Hoo hayt-oo?*
May I introduce...? _____	Mag ik u even voorstellen? *Makh ik oo ayfa foarstella?*
This is my wife/ daughter/mother/ girlfriend	Dit is mijn vrouw/dochter/moeder/vriendin *Dit is mayen frow/dokhter/mooder/freendin*
This is my husband/_____ son/father/boyfriend	Dit is mijn man/zoon/vader/vriend *Dit is mayen man/zoan/fa-der/freend*
How do you do _____	Hallo, leuk u te ontmoeten *Hallo, l-eu-k oo te ont-mooten*
Pleased to meet you _____	Aangenaam (kennis te maken) *Aankhenaam (kennis te maaken)*
Where are you from? _____	Waar komt u vandaan? *Vaar komt-oo fan-dan?*
I'm from the United _____ States	Ik kom uit *Ik kom owt*
Which town do you _____ live in?	In welke stad woont u? *In vel-ka stat voant-oo?*
In..., which is near... _____	In ... Dat is dicht bij ... *In ... Dat is dikht baye ...*
Have you been here _____ long?	Bent u hier al lang? *Bent-oo heer al lang?*
A few days _____	Een paar dagen *An paar daakhen*
How long will you be _____ staying here?	Hoe lang blijft u hier? *Hoo lang blayeft oo heer?*
We're (probably) _____ leaving tomorrow/ in two weeks	We vertrekken (waarschijnlijk) morgen/over twee weken *Wa fertrekken (vaarskhayenlik) morkha/oafer tway wayken*
Where are you staying? ____	Waar logeert u? *Vaar lowzyayrt oo?*
In a hotel/an apartment ____	In een hotel/appartement *In an hoatel/ap-part-a-ment*
At a camp site _____	Op een camping *Op an kemping*
With friends/relatives _____	In huis bij vrienden/familie *In howse baye freen-den/fameelee*
Are you here on your _____ own/with your family?	Bent u hier alleen/met uw gezin? *Bent-oo heer al-ayn/met oow khezin?*
I'm on my own _____	Ik ben alleen *Ik ben al-ayn*
I'm with my _____ partner/wife/husband	Ik ben met mijn partner/vrouw/man *Ik ben met mayen partner/frough/man*

I'm with my family _____ Ik ben met mijn gezin
Ik ben met mayen khezin
I'm with relatives_____ Ik ben met familie
Ik ben met fameelee
I'm with a friend/friends ___ Ik ben met een vriend (male)/vriendin
(female)/vrienden
Ik ben met an freend/freend-in/freenden
Are you married? _____ Bent u getrouwd?
Bent-oo khetrowd?
Do you have a steady _____ Heb je een vaste vriend(in)
boyfriend/girlfriend? *Hep ya an fas-ta freend/freend-in*
That's none of your_____ Dat gaat u niets aan
business *Dat khaat-oo nix aan*
I'm married _____ Ik ben getrouwd
Ik ben khetrowd
I'm single_____ Ik ben vrijgezel
Ik ben fraye-khezel
I'm separated _____ Ik ben gescheiden van tafel en bed
Ik ben khe-skhayeden fan ta-fel en bet
I'm divorced (officially) ___ Ik ben gescheiden (officieel)
Ik ben khe-skayeden (oafis-ee-ayl)
I'm a widow/widower_____ Ik ben weduwe/weduwnaar
Ik ben way-dooa/way-doonaar
I live alone/with _____ Ik woon alleen/samen
someone *Ik voan al-ayn/samen*
Do you have any _____ Heeft u kinderen/kleinkinderen?
children/grandchildren? *Hayft-oo kindera/klayen-kindera?*
How old are you? _____ Hoe oud bent u?
Hoo owd bent-oo?
How old is she/he? _____ Hoe oud is zij/hij?
Hoo owd is zaye/haye?
I'm... years old _____ Ik ben ... jaar oud
Ik ben ... yaar owd
She's/he's... years old ____ Zij/hij is ... jaar oud
Zaye/haye is ... yaar owd
What do you do for a_____ Wat voor werk doet u?
living? *Vat for verk doot oo?*
I work in an office _____ Ik werk op een kantoor
Ik verk op an kantoor
I'm a student/ _____ Ik studeer/Ik zit op school
I'm at school *Ik stoodayr/Ik zit op skhoal*
I'm unemployed_____ Ik ben werkloos
Ik ben verkloas
I'm retired _____ Ik ben gepensioneerd
Ik ben khepens-eeonayrt
I'm on a disability _____ Ik ben afgekeurd/Ik zit in de WAO
pension *Ik ben af-khe-keurt/Ik zit in the way-ah-oh*
I'm a housewife _____ Ik ben huisvrouw
Ik ben howsfrow
Do you like your job? _____ Vindt u uw werk leuk?
Fint-oo oow verk l-eu-k?
Most of the time _____ Soms wel, soms niet
Soms vel, soms neet
I usually do, but I prefer ___ Meestal wel, maar vakantie is leuker
vacations *Maystal vel, maar vakant-see is l-eu-ker*

Conversation

Conversation

.3 Starting/ending a conversation

Could I ask you _____ something?	Mag ik u wat vragen?
	Makh ik oo vat frakhen?
Excuse me _____	Neemt u me niet kwalijk
	Naymt-oo ma neet kwalik
Excuse me, could you _____ help me?	Pardon, kunt u me helpen?
	Par-don, koont oo ma helpa?
Yes, what's the problem? __	Ja, wat is er aan de hand?
	Ya, vat is er aan de hant?
What can I do for you? ____	Wat kan ik voor u doen?
	Vat kan ik for oo doo-en?
Sorry, I don't have time____ now	Sorry, ik heb nu geen tijd
	Soree, ik hep noo khayn tayet
Do you have a light? _____	Heeft u een vuurtje?
	Hayft-oo an foort-ya?
May I join you? _____	Mag ik bij u komen zitten?
	Makh ik baye oo koama zitten?
Could you take a _____ picture of me/us? Press this button	Wilt u een foto van mij/ons nemen? Dit knopje indrukken
	Vilt-oo an foto fan maye/onse naymen? Dit ka-nop-ye in-druk-en
Leave me alone _____	Laat me met rust
	Laat ma met ru-st
Get lost _____	Hoepel op
	Hoo-pel op
Go away or I'll scream_____	Als u niet weg gaat, ga ik gillen
	Als oo neet vekh khaat, kha ik khill-en

.4 Congratulations and condolences

Happy birthday/many_____ happy returns	Gefeliciteerd met uw verjaardag
	Khe-fay-liss-it-tayrt met oo fer-yar-dakh
Please accept my_____ condolences	Gecondoleerd
	Khe-kon-doa-layrt
I'm very sorry for you _____	Ik vind het heel erg voor u
	Ik fint het hayl erkh for oo

.5 A chat about the weather

See also 1.5 The weather

It's so hot/cold today!_____	Wat is het warm/koud vandaag!
	Vat is het var-em/kowt fandakh
Nice weather, isn't it?_____	Lekker weer, hè!
	Lekker wayr, heh!
What a wind/storm! _____	Wat een wind/storm!
	Vat an vint/stor-em!
All that rain/snow! _____	Wat een regen/sneeuw
	Vat an raykhen/snay-oo
All that fog!_____	Wat een mist!
	Vat an mist!
Has the weather been _____ like this for long here?	Is het hier al lang zulk weer?
	Is het heer al lang zul-ek wayr?
Is it always this hot/cold ___ here?	Is het hier altijd zo warm/koud?
	Is het heer al-tayet zo var-em/kowt?

| Is it always this dry/wet here? | Is het altijd zo droog/nat? |
| | *Is het al-tyet zo droakh/nat?* |

.6 Hobbies

Do you have any hobbies?	Heeft u hobby's?
	Hayft-oo hobbees?
I like knitting reading/photography	Ik houd van breien/lezen/fotograferen
	Ik howd fon braye-en/lay-zen/fotograf-ayren
I like music	Ik houd van muziek
	Ik how fon moo-seek
I like playing the guitar/piano	Ik houd van gitaar/piano spelen
	Ik how fon khee-tar/pe-an-oh spaylen
I like going to the movies	Ik ga graag naar de film
	Ik kha khraakh naar de fil-em
I like travelling/playing sport/fishing/walking	Ik reis/sport/vis/wandel graag
	Ik rayes/sport/fis/van-del khraakh

.7 Being the host(ess)

See also 4 Eating out

Can I offer you a drink?	Mag ik u iets te drinken aanbieden?
	Makh ik oo eets te drinken an-beeden?
What would you like to drink?	Wat wil je drinken?
	Vat wil ya drinka?
Would you like a cigarette/cigar	Wilt u een sigaret/sigaar?
	Vilt oo an sikhar-et, sikhaar?
Something non-alcoholic please	Graag iets zonder alcohol
	Khraakh eets zonder al-koh-hol
I don't smoke	Ik rook niet
	Ik roak neet

.8 Invitations

Are you doing anything tonight?	Heb je vanavond iets te doen?
	Hep-ya fan-af-ont eets te doo-en?
Do you have any plans for today/this afternoon/tonight?	Heeft u plannen voor vandaag/vanmiddag/vanavond?
	Hayft-oo planna for fandakh/fanmiddakh/fan-afont?
Would you like to go out with me?	Heeft u zin om met mij uit te gaan?
	Hayft-oo zin om met maye owt te khaan?
Would you like to go dancing with me?	Heeft u zin om met mij te gaan dansen?
	Hayft-oo zin om met maye te khaan dansa?
Would you like to have lunch/dinner with me?	Heeft u zin om met mij te lunchen/dineren?
	Hayft-oo zin om met maye te lunch-a/dineeren?
Would you like to come to the beach with me?	Heeft u zin om met mij naar het strand te gaan?
	Hayft-oo zin om met maye naar het strant te khaan?

Would you like to come____ into town with us?	Heeft u zin om met ons naar de stad te gaan?
	Hayft-oo zin om met ons naar de stad te khaan?
Would you like to come____ and see some friends with us?	Heeft u zin om met ons naar vrienden te gaan?
	Hayft-oo zin om met ons naar freenden te khaan?
Shall we dance?_____	Zullen we dansen?
	Zulla wa dansa?
Let's go sit at the bar? _____	Ga je mee aan de bar zitten?
	Khaa-ya may aan de bar zitten
Let's get something to ___ drink?	Zullen we iets gaan drinken?
	Zulla wa eets khaan drinka?
Let's go for a walk/drive? __	Zullen we een eindje gaan lopen/rijden
	Zullen we an ayend-ya khaan loapa/rayeda?
Yes, all right _____	Ja, dat is goed
	Ya, dat is khood
Good idea _____	Goed idee
	Khood ee-day
No (thank you) _____	Nee (bedankt)
	Nay (be-dankt)
Maybe later_____	Straks misschien
	Straks miss-kheen
I don't feel like it _____	Daar heb ik geen zin in
	Daar hep ik khayn zin in
I don't have time _____	Ik heb geen tijd
	Ik hep khayn tayet
I already have a date _____	Ik heb al een andere afspraak
	Ik hep al an andera afspraak
I'm not very good at_____ dancing/volleyball/ swimming	Ik kan niet dansen/volleyballen/zwemmen
	Ik kan neet dansa/volleybal-en/zwemma

🔴 .9 **P**aying a compliment

You look wonderful! _____	Wat ziet u er goed uit!
	Vat zeet oo air khood owt!
I like your car! _____	Mooie auto!
	Moay-ya owtoe!
I like your ski outfit! _____	Leuk skipak!
	L-eu-k skeepak!
You're a sweet boy/girl ____	Je bent een lieve jongen/meid
	Ya bent an leeva yonga/mayed
What a sweet child! _____	Wat een lief kindje!
	Vat an leef kint-ye!
You're a wonderful _____ dancer!	U danst heel goed
	Oo danst hayl khood
You're a wonderful _____ cook!	U kookt heel goed
	Oo koakt hayl khood
You're a terrific soccer player! _____	U voetbalt heel goed
	Oo football hayl khood

.10 Intimate comments/questions

I like being with you _____	Ik vind het fijn om bij je te zijn
	Ik fint het fayen om baye-ya te zayen
I've missed you so much __	Ik heb je zo gemist
	Ik hep ya zo khe-mist
I dreamt about you _____	Ik heb van je gedroomd
	Ik hep fan ya khe-droamt
I think about you all day ___	Ik moet de hele dag aan je denken
	Ik moot de hayla dakh an ya denken
You have such a sweet ____ smile	Je lacht zo lief
	Ya lakht zo leef
You have such beautiful ___ eyes	Je hebt zulke mooie ogen
	Ye hept zulka moay-ya oakhen
I'm in love with you _____	Ik ben verliefd op je
	Ik ben ferleeft op ya
I'm in love with you too ___	Ik ook op jou
	Ik oak op yow
I don't feel as strongly _____ about you	Ik heb niet zulke sterke gevoelens voor jou
	Ik hep neet zulka sterka khe-foolens for yow
I already have a _____ boyfriend/girlfriend	Ik heb al een vriend/vriendin
	Ik hep al an freent/freend-in
I'm not ready for that_____	Ik ben nog niet zo ver
	Ik ben nokh neet zo fer
This is going too fast _____ for me	Het gaat me veel te snel
	Het khaat ma fayl te snel
Take your hands off me____	Blijf van me af
	Blayef fan ma af
Okay, no problem _____	Oké, geen probleem
	Okay, khayn problaym
Will you stay with me ____ tonight?	Blijf je vannacht bij me?
	Blayef ya fan-nakht baye ma?
I'd like to go to bed_____ with you	Ik wil graag met je naar bed
	Ik vil khraakh met ya naar bet
Only if we use a condom __	Alleen met een condoom
	Allayn met an kon-doam
We have to be careful _____ about AIDS	We moeten voorzichtig zijn vanwege aids
	Wa mooten forzikhtik zayen fan-vay-kha AIDS
That's what they all say____	Dat zeggen ze allemaal
	Dat zekhen ze allamaal
We shouldn't take any _____ risks	Laten we geen risico nemen
	Laten wa khayn ris-eek-oa nayma
Do you have a condom? ___	Heb je een condoom?
	Hep ya an kon-doam?
No? In that case we _____ won't do it	Nee? Dan doen we het niet
	Nay? Dan doo-en wa het neet

 .11 Arrangements

When will I see_____ you again?	Wanneer zie ik je weer?
	Vaneer zee ik ya vayr?
Are you free over the _____ weekend?	Heeft u in het weekend tijd?
	Hayft-oo in het weekent tayet?
What shall we do?_____	Wat zullen we afspreken?
	Vat zulla wa afsprayka?

Conversation **3**

Where shall we meet? _____	Waar zullen we elkaar treffen?
	Vaar zullen wa elkaar treff-en?
Will you pick me/us up? ___	Komt u mij/ons halen?
	Komt-oo maye/onse haala?
Shall I pick you up? _____	Zal ik u ophalen?
	Zal ik oo ophala
I have to be home by... _____	Ik moet om ... uur thuis zijn
	Ik mut om ... oor towse zayen
I don't want to see _____ you anymore	Ik wil u niet meer zien
	Ik vil oo neet meer zeen

 .12 Saying good-bye

Can I take you home? _____	Mag ik u naar huis brengen?
	Makh ik oo nar howse brenga?
Can I write/call you? _____	Mag ik u schrijven/opbellen?
	Makh ik oo skrayefa/opbella?
Will you write/call me? ____	Schrijft/belt u mij?
	Skrayeft/belt-oo maye?
Can I have your _____ address/phone number?	Mag ik uw adress/telefoonnummer?
	Makh ik oow address/taylayfoan nummer?
Thanks for everything _____	Bedankt voor alles
	Be-dankt for alles
It was very nice _____	Het was erg leuk
	Het vas erkh l-eu-k
Say hello to... _____	Doe de groeten aan ...
	Do de khrooten an ...
All the best _____	Ik wens je het allerbeste
	Ik vens ya het allerbesta
Good luck _____	Veel succes verder
	Fayl suc-sess ferder
When will you be back? ___	Wanneer kom je weer?
	Vaneer kom-ya veer
I'll be waiting for you _____	Ik wacht op je
	Ik vaacht op ja
I'd like to see you again____	Ik zou je graag nog eens terugzien
	Ik zow ya khraakh nokh ayns terukh zeen
I hope we meet _____ again soon	Ik hoop dat we elkaar gauw weerzien
	Ik hoap dat wa elkaar khow veer-zeen
This is our address _____	Dit is ons adres
	Dit is onse address
If you're ever in the _____ US, you'd be more than welcome	Als u ooit in Groot-Brittannie bent, u bent van harte welkom
	Als oo oy-it in Khroat-Brit-an-nee-a bent, oo bent fon hart-a vel-kom

Eating out

4.1	**O**n arrival	34
4.2	**O**rdering	35
4.3	**T**he bill	37
4.4	**C**omplaints	37
4.5	**P**aying a compliment	38
4.6	**T**he menu	38
4.7	**A**lphabetical list of drinks and dishes	39

4 Eating out

● A Dutch breakfast often consists of selection of different breads and rolls with ham, cheese, and boiled egg (*gekookt ei*). Sweet spreads for the bread include jam (*jam*) and marmalade (*marmelade*), chocolate spread (*chocopasta*) and peanut butter (*pindakaas*). Tea is normally drunk very weak and without milk.

The centers of all towns have a selection of cafés/bars which will serve snacks and coffee as well as alcoholic drinks. Two common snacks are rolls (*broodjes*) with ham (*ham*) or cheese (*kaas*). A good value traditional Dutch snack is an *uitsmijter*: several slices of bread topped with copious slices of ham and topped with a fried egg (*gebakken ei*) or two. The excellent Dutch pilsner or lager beer (*bier* or *pils*) is usually served in a small glass with a large head of froth.

4 .1 On arrival

I'd like to reserve a table for seven o'clock	**Kan ik een tafel voor zeven uur reserveren?** *Kan ik an tafel for zayfen oor rayserv-ayren?*
I'd like a table for two, please	**Graag een tafel voor twee personen** *Khraakh an taa-fel for tway persoanen*
We've/we haven't reserved	**Wij hebben (niet) gereserveerd** *Waye hebba (neet) khe-rayserv-ayrd*
Is the kitchen still open?	**Is de keuken al open?** *Is de k-eu-ken al oapa?*
What time does the kitchen open/close?	**Hoe laat gaat de keuken open/dicht?** *Hoo laat khaat de k-eu-ken oapa/dikht?*
Can we wait for a table?	**Kunnen wij op een tafel wachten?** *Kunna waye op an taafel vakhten?*
Do we have to wait long?	**Moeten wij lang wachten?** *Mooten waye lang vakhten?*

Heeft u gereserveerd?	Do you have a reservation?
Onder welke naam?	What name, please?
Deze kant op alstublieft	This way, please
Deze tafel is gereserveerd	This table is reserved
Over een kwartier hebben wij een tafel vrij	We'll have a table free in fifteen minutes.
Wilt u zolang (aan de bar) wachten?	Would you like to wait (at the bar)?

Is this seat taken?	**Is deze plaats bezet?** *Is day-ze plaats be-zet?*
Could we sit here/there?	**Mogen wij hier/daar zitten?** *Moakha waye heer/daar zit-ten?*
Can we sit by the window?	**Mogen wij bij het raam?** *Moakha waye baye het raam?*
Can we eat outside as well?	**Kunnen we buiten ook eten?** *Kunna wa bowten oak ayten?*
Do you have another chair for us?	**Heeft u nog een stoel voor ons?** *Heeft-oo nokh an stool for ons?*
Do you have a highchair?	**Heeft u een kinderstoel?** *Heeft-oo an kinderstool?*

Is there an outlet _____ (a socket) for this bottle-warmer?	**Is er voor deze flessen-warmer een stop-contact?**
	Is air for day-ze flessen-varmer an stop-contact?
Could you warm up _____ this bottle/jar for me?	**Kunt u dit flesje/potje voor mij opwarmen?**
	Kunt-oo dit flesya/potya for maye op-varmen?
Not too hot, please _____	**Niet te warm alstublieft**
	Neet te var-em als-too-bleeft
Is there somewhere I _____ can change the baby's diaper?	**Is hier een ruimte waar ik de baby kan verzorgen?**
	Is heer an rowmte vaar ik de baybee kan ferzorkha?
Where are the restrooms? _	**Waar is het toilet?**
	Vaar is het twa-let?

.2 Ordering

Waiter! _____	**Ober!**
	Oaber!
Miss! _____	**Mevrouw!**
	Ma-frow!
Sir! _____	**Meneer!**
	Men-eer!
We'd like something to ____ eat/drink	**Wij willen graag wat eten/drinken**
	Waye willen khraakh vat ayta/drinka
Could I have a quick _____ meal?	**Kan ik snel iets eten?**
	Kan ik snel eets ayta?
We don't have much _____ time	**Wij hebben weinig tijd**
	Waye hebba wayenikh tayet
We'd like to have a _____ drink first	**Wij willen eerst nog wat drinken**
	Waye villen eerst nokh vat drinken
Could we see the _____ menu/wine list, please?	**Mogen wij de menukaart/wijnkaart?**
	Moakha waye de me-noo-kaart/vayenkaart?
Do you have a dish _____ of the day?	**Heeft u een dagschotel?**
	Hayft-oo an dakhskhoatel?
We haven't made a _____ choice yet	**Wij hebben nog niet gekozen**
	Waye hebben nokh neet khe-koazen
What do you _____ recommend?	**Wat kunt u ons aanbevelen?**
	Vat kunt oo ons aan-befaylen?
What are the specialities ___ of the region/the house?	**Wat zijn de specialiteiten van deze streek/het huis?**
	Vat zayen de spesee-al-it-tayten fan day-ze strayk/het howse?
I like strawberries/olives ___	**Ik houd van aardbeien/olijven**
	Ik how fan ard-bay-yen/oalayefen
I don't like fish/meat/... _____	**Ik houd niet van vis/vlees/...**
	Ik how neet fan fis/flays/...
What's this? _____	**Wat is dit?**
	Vat is dit?
Does it have...in it? _____	**Zitten er ... in?**
	Zitten air ... in?
What does it taste like? ____	**Waar lijkt het op?**
	Vaar layekt het op?
Is this a hot or _____ cold dish?	**Is dit gerecht warm of koud?**
	Is dit kherekht wa-rem of kowd?

Eating out

Is this sweet? _____	Is dit gerecht zoet?
	Is dit kherekht zoot?
Is this spicy/highly _____ seasoned	Is dit gerecht pikant/gekruid?
	Is dit kherekht pee-kant/khe-krowt?
Do you have anything _____ else, please?	Heeft u misschien iets anders?
	Hayft-oo miss-kheen eets anders?
I'm on a salt-free diet _____	Ik mag geen zout (eten)
	Ik makh khayn zowt (ayten)
I can't eat pork _____	Ik mag geen varkensvlees
	Ik makh khayn farkens-flays
I can't eat sugar _____	Ik mag geen suiker
	Ik makh khayn sowker
I can't eat fatty foods _____	Ik mag geen vet
	Ik makh khayn fet
I can't eat (hot) spices _____	Ik mag geen (scherpe) kruiden
	Ik makh khayn (skhairpa) krowden
I'll have what those_____ people are having	Graag hetzelfde als die mensen
	Khraakh het-zelfda als dee mensa
I'd like... _____	Ik wil graag...
	Ik vil khraakh...
We're not having entrées __	Wij nemen geen voorgerecht
	Way naymen khayn vor-kherekht

Heeft u uw keuze gemaakt?_____	Are you ready to order?
Wilt u een aperitief gebruiken?_____	Would you like a drink first?
Wat wilt u drinken? _____	What would you like to drink?
Eet smakelijk _____	Enjoy your meal
Wilt u nog een nagerecht/koffie? _____	Would you like a dessert/coffee?

The child will eat from_____ our plates	Het kind zal wat van ons menu mee-eten
	Het kind zal wat fan ons ma-noo may-ayta
Could I have some _____ more bread, please?	Nog wat brood alstublieft?
	Nokh wat broat als-too-bleeft?
Could I have a bottle of ____ water/wine, please?	Nog een fles water/wijn?
	Nokh an fless vaater/vayen?
Could I have another _____ helping of...?	Nog een portie...?
	Nokh an por-see...?
Could I have some salt ____ and pepper, please?	Kunt u zout en peper brengen alstublieft?
	Kunt-oo zowt en payper brenga als-too-bleeft?
Could I have a napkin, ____ please?	Kunt u een servet brengen, alstublieft?
	Kunt-oo an servet brenga, als-too-bleeft?
Could I have a teaspoon, __ please?	Kunt u een lepeltje brengen alstublieft?
	Kunt-oo an laypeltya brenga als-too-bleeft?
Could I have an ashtray, ___ please?	Kunt u een asbak brengen alstublieft?
	Kunt-oo an asbak brenga als-too-bleeft?
Could I have some _____ matches, please?	Kunt u wat lucifers brengen alstublieft?
	Kunt-oo wat loosee-fers brenga als-too-bleeft?
Could I have some _____ toothpicks, please?	Kunt u wat tandenstokers brengen alstublieft?
	Kunt-oo wat tandenstoakers brenga als-too-bleeft?

Could I have glass of _____ water, please?	Kunt u een glas water brengen alstublieft?
	Kunt-oo an khlas vaater brenga als-too-bleeft
Could I have a straw _____ (for the child), please	Kunt u een rietje (voor het kind) brengen alstublieft?
	Kunt-oo an reet-ye (foar het kint) brenga als-too-bleeft?
Enjoy your meal! _____	Eet smakelijk!
	Ayt smack-a-lik!
You too! _____	Van hetzelfde!
	Fan het-zelf-da
Cheers! _____	Proost!
	Proast!
The next round's on me ___	Het volgende rondje is voor mij
	Het folkhenda rontya is for maye
Could we have a doggy____ bag, please?	Mogen wij de resten meenemen voor onze hond?
	Moakha waye de resten may-nay-men for onza hont?

4

Eating out

4 .3 **T**he bill

See also 8.2 Settling the bill

How much is this dish? ____	Wat is de prijs van dit gerecht?
	Vat is de prayes fan dit kherekht?
Could I have the bill, _____ please?	De rekening alstublieft
	De ray-ken-ing als-too-bleeft
All together _____	Alles bij elkaar
	Alles baye elkaar
Everyone pays separately__	Ieder betaalt voor zich
	Eeder betaalt for zikh
Could we have the menu __ again, please?	Mogen wij de kaart nog even zien?
	Moakha waye de kaart nokh ayva zeen?
The...is not on the bill _____	De ... staat niet op de rekening
	De... staat neet op de raykening

4 .4 **C**omplaints

It's taking a very_____ long time	Het duurt wel erg lang
	Het doo-ert wel erkh lang
We've been here an _____ hour already	Wij zitten hier al een uur
	Waye zitten heer al an oor
This must be a mistake ____	Dit moet een vergissing zijn
	Dit moot an ferkhissing zayen
This is not what I_____ ordered	Dit is niet wat ik besteld heb
	Dit is neet vat ik be-steld hep
I ordered... _____	Ik heb om ... gevraagd
	Ik hep om ... khefraakhd
There's a dish missing_____	Er onbreekt een gerecht
	Air onbraykt an kherekht
This is broken/not clean ___	Dit is kapot/niet schoon
	Dit is ka-pot/neet skhoan
The food's cold _____	Het eten is koud
	Het ayta is kowt
The food's not fresh _____	Het eten is niet vers
	Het ayta is neet fers

The food's too _____ salty/sweet/spicy	Het eten is te zout/zoet/gekruid *Het ayta is te zowt/zoet/khekrowt*
The meat's not done_____	Het vlees is niet gaar *Het flayse is neet khaar*
The meat's overdone _____	Het vlees is te gaar *Het flays is te khaar*
The meat's tough _____	Het vlees is taai *Het flays is ty-ya*
The meat's spoiled _____	Het vlees is bedorven *Het flays is be-dorfen*
Could I have something ___ else instead of this?	Kunt u mij hier iets anders voor geven? *Kunt-oo maye heer eets anders for khayfen?*
The bill's/this amount's ___ not right	De rekening/dit bedrag klopt niet *De raykening/dit be-drakh klopt neet*
We didn't have this_____	Dit hebben wij niet gehad *Dit hebba waye neet ghe-hat*
There's no toilet paper_____ in the bathroom	Er is geen toiletpapier op het toilet *Air is khayn twa-let-pap-eer op het twa-let*
Do you have a _____ complaints book?	Heeft u een klachtenboek? *Hayft-oo an klakhtenbook?*
Will you call the_____ manager, please?	Wilt u alstublieft uw chef roepen? *Vilt-oo als-too-bleeft oow shef roopen?*

.5 **P**aying a compliment

That was a wonderful _____ meal	Wij hebben heerlijk gegeten *Waye heb-ben heerlik khekhayten*
The food was excellent ____	Het heeft ons voortreffelijk gesmaakt *Het hayft ons foar-tref-a-lik khesmaakt*
The...in particular was _____ delicious	Vooral de ... was heel bijzonder *Foar-al de ... vas hayl be-zonder*

.6 **T**he menu

alcholische dranken alcoholic drinks	hoofdgerechten main courses	voorgerechten entrées/starters/hors d'oeuvres
aperitief appetizer	koude dranken cold beverages	warme dranken hot beverages
bediening niet inbegrepen tip not included	koude gerechten cold dishes	warme gerechten hot dishes
frisdrank soft drinks	nagerechten desserts	wijnen wines
gebak pastry	soepen soups	
hoofdgerecht entrée	specialiteiten specialties	
	taart pastry	

Eating out

aalbessen
red currants
aardappelen
potatoes
aardappelpuree
mashed potato
aardappelsalade
potato salad
aardbeien
strawberries
abrikozen
apricots
abrikozenvlaai
apricot flan
advocaat
advocaat, egg flip
amandelen
almonds
ananas
pineapple
andijvie
endive
ansjovissen
anchovies
appelbeignets
apple fritters
appelbol
apple dumpling
appelflap
apple turnover
appelsap
apple juice
appelstroop
apple syrup
appelstrudel
apple strudel
appeltaart (met
  slagroom)
apple cake (with
  whipped cream)
artisjok
artichoke
asperge
asparagus
augurken
cucumbers
azijn
vinegar
bami goreng
Indonesian fried
  noodles
banaan
banana

banketletter
puff pastry roll with
  marzipan filling
basilicum
basil
beignets
fritters
belegen kaas
mature cheese
beschuit
rusk/dutch
  crispbread
bessen
berries
bessenjenever
black currant liqueur
biefstuk
beef steak
biefstuk van de haas
fillet steak
bier
beer
bieslook
chives
bieten
beet
bitterballen
croquette meatballs
  (appetizer)
blinde vinken
(veal) beef olives
bloemkool
cauliflower
boerenjongens
brandy with raisins
boerenkaas
farmhouse cheese
boerenkoolstampot
  met rookworst
mashed potato, kale,
  and smoked
  sausage
boerenmeisjes
apricots with brandy
boerenmetworst
coarse sausage
boerenomelet
ham and potato
  omelette
bokking (gerookte)
smoked red herring
bokking (verse)
bloater

bonen
beans
bonensla
bean salad
borrelnootjes
peanuts with crispy
  coating
borst
breast
bosbessen
bilberries
boter
butter
boterham met kaas
cheese sandwich
boterham met...
... sandwich
boterhamworst
sliced sausage
boterletter
puffed pastry roll
  with marzipan
  filling
bouillon
consommé
bouillondrank
beef stock (drink)
bout
leg
brandewijn
brandy
brood
bread
broodje
bun or roll
broodje kaas
cheese roll
capsicum
pepper
  (green/red/yellow)
cassis
blackcurrant cordial
champignons
mushrooms
chips
potato chips
chocolade pasta
chocolate spread
chocolade vla
chocolate custard
chocolade vlokken
chocolate flakes

chocomel
**bottled or canned
  chocolate drink**
citroen
lemon
citroenlimonade
lemonade
citroenthee
lemon tea
compote
stewed fruit
croquetje/ kroket
croquette
dame blanche
**ice cream with
  chocolate sauce**
doperwten
peas
droog
dry
druiven
grapes
Edammer
Edam cheese
eend
duck
eieren
eggs
eierkoeken
flat sponge cakes
erwtensoep (met
  spek/worst)
**pea soup (with
  bacon/sausage)**
fazant
pheasant
filet
fillet
fles
bottle
forel
trout
frambozen
raspberries
frikandel
rissole
frites
French fries
ganzenlever
goose liver
garnalen
prawns
gebak/gebakje
cake
gebakken paling
fried eel

gebonden
thickened
gebonden soep
thick soup
gebraden
roast
gedistilleerde
  dranken
spirits
gegarneerd
garnished
gegrild
grilled
gehakt
ground meat
gehaktbal
meatball
gekookt
boiled
gemarineerd
marinated
gember
ginger
gemberkoek
**special breakfast
  gingerbread**
gemengde salade
mixed salad
gepaneerd
**breadcrumbed/
  breaded**
gepocheerd
poached
gerookt
smoked
gerookte paling
smoked eel
gerookte zalm
smoked salmon
gerookte, gezouten
  haring
**smoked, salted
  herring**
gestampte muisjes
**aniseed fragments
  eaten on bread**
gestoofd
stewed
gestoofd konijn
stewed rabbit
gevogelte
poultry
gevuld
stuffed
gewelde boter
**melted butter beaten
  with water**

goed doorbakken
  (biefstuk)
well done (steak)
Goudse kaas
Gouda cheese
groene haring
**lightly salted new
  season's herring**
groenten
vegetables
groentesoep
vegetable soup
gulasch
stew
haas
hare
hachée
stew
hagelslag
**hundreds and
  thousands**
halfrauw (biefstuk)
rare (steak)
halfvolle melk
semi-skimmed milk
halfvolle yoghurt
**semi-skimmed
  yogurt**
halvarine
**half butter/half
  margarine**
ham
ham
hamlappen
belly of pork
haring
herring
hart
heart
havermoutpap
**porridge made with
  milk**
heilbot
halibut
hersenen
brains
hertenvlees
venison
hete bliksem
**mashed apples and
  potatoes**
hom
soft roe
honing
honey
honingkoek
gingerbread

hoofdkaas (zult)
brawn
hutspot
hotpot of mashed
  potato, carrots,
  onions, and rib of
  beef
huzarensla
potato salad with
  beet, cucumbers,
  etc.
ijs
ice cream
in het zuur
pickled
jachtschotel
hotpot
janhagel
type of cookie
jenever
Dutch gin
jonge kaas
new cheese
jonge klare
young Dutch gin
jus
gravy
jus d'orange
orange juice
kaas
cheese
kaassoesje
cheese puff
kabeljauw
cod
kadetje
soft roll
kalfslever
calf's liver
kalfsniertjes
calf's kidneys
kalfsschnitzel
veal schnitzel
kalfstong
calf's tongue
kalfsvlees
veal
kalkoen
turkey
kaneel
cinnamon
karbonade
chop
karnemelk
buttermilk
karper
carp

kastanjes
chestnuts
kastrol
casserole
kerrie
curry
kersen
cherries
kersenvlaai
cherry flan
kervelsoep
chervil soup
kikkerbilletjes
frog's legs
kip
chicken
kippenpoot
drumsticks/chicken
  legs
kippenvlees
chicken
knäckebröd
crispbread
knoflook
garlic
koekjes
biscuits, cookies
koffie (zwart/met
  melk)
coffee (black/with
  milk)
koffieroom
creamy milk for
  coffee
koffietafel
light lunch
kogelbiefstuk
thick end of rump
komijnekaas
cheese with cumin
  seeds
komkommer
cucumber
konijn
rabbit
koninginnesoep
cream of chicken
  soup
kool
cabbage
koolraap
swede
korenwijn
well-aged gin
korst
crust

kotelet
cutlet
kreeft
lobster
kreeftesoep
lobster soup
krenten
currants
krentenbrood
currant loaf
kroepoek
prawn crackers
kruiden
herbs/spices
kruidenboter
herb butter
kruisbessen
gooseberries
kruizemuntsaus
mint sauce
kuit
hard roe
kwark
soft white cheese
kwarktaart
cheesecake
kwast
lemon squash
lamsvlees
lamb
landwijn
vin ordinaire (wine)
laurierblad
bay leaf
lekkerbekjes
deep-fried whiting in
  batter
lever
liver
leverworst
liver sausage
lichtgebakken
  (biefstuk)
lightly cooked (steak)
Limburgse vlaai
Limburg flan
limoen
lime
limonade
lemonade
linzen
lentils
loempia
Indonesian spring
  roll
mager vlees
lean meat

4

Eating out

41

magere kaas
skimmed milk
  cheese
magere kwark
low-fat soft cheese
magere melk
skimmed milk
magere yoghurt
low-fat yogurt
maïs
corn on the cob
makreel
mackerel
marsepein
marzipan
melk
milk
meloen
melon
mierikswortel
horseradish
moes
puréed fruit
moesappelen
cooking apples
mosselen
mussels
mosterd
mustard
mousserend
sparkling
nasi goreng
Indonesian fried rice
niertjes
kidneys
nieuwe haring
early-season herring
nootmuskaat
nutmeg
noten
nuts
oesters
oysters
oliebol
doughnut without
  the hole
olijfolie
olive oil
omelet
omelette
ontbijtkoek
gingerbread
ontbijtspek
smoked lean bacon
ossenhaas
fillet of beef

ossenstaart (soep)
oxtail (soup)
oude kaas
mature cheese
oude klare
mature Dutch gin
paardenrookvlees
smoked horse meat
paling
eel
paneermeel
breadcrumbs
pannekoek/
  pannekoek-je
pancake
paprijst
pudding rice
paprika
  (groene/rode)
pepper (green/red)
pastei
vol-au-vent
patates frites
French fries
patrijs
partridge
peer
pear
peper
pepper
perzik
peach
peterselie
parsley
pikant
piquant/spicy
pils
lager
pindakaas
peanut butter
pinda's
peanuts
plantaardige olie
vegetable oil
pocheren
poach
poffertjes
mini pancakes
  dusted with icing
  sugar and eaten
  with butter
pompelmoes
grapefruit
pompelmoessap
grapefruit juice
pompoen
pumpkin

prei
leek
pruim
plum
rabarber
rhubarb
radijsjes
radishes
ragout
stew
rauw
raw
rijst
rice
rijstevlaai
rice flan
rivierkreeft
fresh water crayfish
rode biet
beet
rode kool
red cabbage
roerei
scrambled egg
roggebrood
rye bread
rolmops
rollmops/marinated
  herring
rood
red
rookworst
smoked sausage
room
cream
roomijs
genuine ice cream
rosbief
roast beef
rozijnen
raisins
runderlap
stewing steak
rundvlees
beef
Russisch ei
egg salad
salade met noten
nut salad
salie
sage
sambal
hot Indonesian chilli
  sauce
sap
juice
saté

Indonesian kebab	spiegelei	varkensrib
saucijzenbroodje	fried egg	pickled smoked rib
sausage roll	spijskaart	of pork
saus	menu	varkensrollade
sauce	spinazie	rolled rib of pork
scharrelei	spinach	varkensvlees
free-range egg	spruitjes	pork
schartong	Brussels sprouts	venkel
lemon sole	steurgarnalen	fennel
schelpdieren	prawns	vermout
shell fish	stokbrood	vermouth
schelvis	French bread	verse haring
haddock	stroop	fresh herring
schol	syrup/treacle	vet
plaice	stroopwafel	fat
schuimgebak	waffle biscuit with	vis
meringue	syrup filling	fish
selderij	suiker	vlees
celery	sugar	meat
sinaasappel	suikerklontjes	vleet
orange	sugar lumps	skate
sinaasappelsap	tarwebrood	vlierbessen
orange juice	wheat bread	elderberries
sinas	thee	volkorenbrood
orange soda	tea	whole wheat bread
sla	tijm	volle melk
lettuce	thyme	full-cream milk
slaatje	tomaat	vruchten
salad	tomato	fruit
slagroom	tong (vis)	vruchtensap
whipped cream	sole	fruit juice
slakken	tonijn	vruchtensla
snails	tuna	fruit salad
slasaus	tosti	wafel
salad cream	sandwich	waffle
smeerkaas	tuinbonen	walnoot
spreading cheese	broad beans	walnut
snijbonen	uien	warme
string beans	onions	chocolademelk
snoek	uitsmijter	hot chocolate drink
pike	ham and eggs	waterkers
soep van de dag	van de tap	watercress
soup of the day	draft	wijn
sojasaus (ketjap)	vanillevla	wine
soy sauce (ketchup)	vanilla custard	wijting
spa water	varkensbiefstuk	whiting
mineral water	pork fillet	wild
specerijen	varkensfricandeau	game
spices	pork fricandeau	wildbraad
speculaas	varkenshaas	game
spiced cookie	pork fillet	wit
spek	varkensoester	white
bacon	pork escalope	witlof
sperziebonen	varkenspoot	chicory
French beans	leg of pork	

Eating out

witte wijn
white wine
wittebrood
white bread
witte kool
white cabbage
worstjes
sausages
wortel
carrot
worteltjes
carrots
zalm
salmon
zalmforel
salmon trout/sea
  trout

zeebanket
sea food
zeelt
tench
zeepaling
sea eel
zilveruitjes
silverskin onions
zoete broodjes
buns
zoet-zuur
sweet and sour
zout
salt

zuurkool met
  spek/worst
sauerkraut with
  bacon/sausage
zwarte bessen
black currants
zwarte bessenjam
black currant jam
zwarte kersenjam
black cherry jam
zwezerik
sweetbread

4

Eating out

On the road

5.1 **A**sking for directions   46

5.2 **C**ustoms   47

5.3 **L**uggage   48

5.4 **T**raffic signs   48

5.5 **T**he car   49
The parts of a car   *52–53*

5.6 **T**he gas station   49

5.7 **B**reakdowns and repairs   50

5.8 **T**he bicycle/moped   51
The parts of a bicycle   *54–55*

5.9 **R**enting a vehicle   56

5.10 **H**itchhiking   56

5 **O**n the road

5 .1 **A**sking for directions

Excuse me, could I ask you something?	**Pardon, mag ik u iets vragen?** *Pardon, makh ik oo eets frakhen?*
I've lost my way	**Ik ben de weg kwijt** *Ik ben de vekh kwayet*
Is there an... around here?	**Weet u een ... in de buurt?** *Vayt oo an ... in de boo-ert*
Is this the way to...?	**Is dit de weg naar...?** *Is dit de vekh naar ...?*
Could you tell me how to get to... by car/on foot?	**Kunt u me zeggen hoe ik naar...moet rijden/lopen?** *Kunt-oo me zekhen hoo ik naar...moot rayeden/loapen?*
What's the quickest way to...?	**Hoe kom ik het snelst in...?** *Hoo kom ik het snel-ste in...?*
How many kilometers is it to...?	**Hoeveel kilometer is het nog naar...?** *Hoofayl keelomayter is het nokh naar...?*
Could you point it out on the map?	**Kunt u het op de kaart aanwijzen?** *Kunt oo het op de kaart aan-wayezen?*

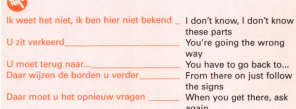

Ik weet het niet, ik ben hier niet bekend	I don't know, I don't know these parts
U zit verkeerd	You're going the wrong way
U moet terug naar...	You have to go back to...
Daar wijzen de borden u verder	From there on just follow the signs
Daar moet u het opnieuw vragen	When you get there, ask again

rechtdoor straight ahead	**de straat** the street	**het viaduct** the overpass
linksaf turn left	**het verkeerslicht** the traffic light	**de brug** the bridge
rechtsaf turn right	**de tunnel** the tunnel/underpass	**de spoorwegovergang /de spoorbomen**
afslaan turn	**het verkeersbord 'voorrangskruising'**	the grade crossing
volgen follow	the 'yield' sign	**het bord richting...** the sign pointing
oversteken cross	**het gebouw** the building	to...
de kruising intersection	**op de hoek** at the corner	**de pijl** the arrow
	de rivier the river	

● Documents: valid passport and visa if required. For car and motorcycle: valid US driving license and registration document, insurance document, accident reporting form, registration plate and country identification sticker on rear of car. A green card is no longer required but some insurers wish to be informed if you are going abroad. Trailers must also display the country identification sticker. A warning cone, headlight convertors, and spare headlight bulbs must be carried.

Import and export restrictions
Within the European Union travelers are only subject to selective spot checks. There is no restriction, either by quantity or value, on goods purchased in another EU country provided they are for personal use. Visitors from other countries are advised to contact a travel agent, customs, or the Embassy before traveling.

5

On the road

Uw paspoort alstublieft _____	Your passport, please
De groene kaart alstublieft_____	Your green card, please
Het kentekenbewijs alstublieft _____	Your vehicle registration documents, please
Uw visum alstublieft _____	Your visa, please
Waar gaat u naartoe? _____	Where are you heading?
Hoe lang bent u van plan te blijven? ___	How long are you planning to stay?
Heeft u iets aan te geven? _____	Do you have anything to declare?
Wilt u deze openmaken? _____	Open this

My children are entered ___ in this passport

Mijn kinderen zijn bijgeschreven in dit paspoort
Mayen kindere zayen baye-khe-schrayfen in dit passport

I'm travelling through _____ I'm in transit

Ik ben op doorreis
Ik ben op door-rayes

I'm going on vacation to... _

Ik ga op vakantie naar...
Ik kha op vak-ant-see naar...

I'm on a business trip _____

Ik ben op zakenreis
Ik ben op zaakenrayes

I don't know how long _____ I'll be staying yet

Ik weet nog niet hoe lang ik blijf
Ik wayt nokh neet hoo lang ik blayef

I'll be staying here for _____ a weekend

Ik blijf hier een weekend
Ik blayef heer ayn veek-ent

I'll be staying for a few ____ days

Ik blijf hier een paar dagen
Ik blayef heer an paar daakhen

I'll be staying here for a ___ week

Ik blijf hier een week
Ik blayef heer an wayk

I'll be staying here for _____ two weeks

Ik blijf hier twee weken
Ik blayef heer tway wayken

I've nothing to declare _____

Ik heb niets aan te geven
Ik hep nix aan te khaye-va

I've got ... with me _____	Ik heb... bij me
	Ik hep ... baye ma
I've got a carton of _____ cigarettes with me	Ik heb een slof sigaretten bij me
	Ik hep an slof sikhar-etten baye ma
I've got a bottle of ... _____ with me	Ik heb een fles...bij me
	Ik hep an fless...baye ma
I've got some souvenirs ___ with me	Ik heb enkele souvenirs bij me
	Ik hep en-ke-le soo-fen-eers baye ma
These are personal _____ items	Dit zijn persoonlijke spullen
	Dit zayen persoanlika spulla
Here's the receipt _____	Hier is de bon
	Heer is de bon
This is for private use ___	Dit is voor eigen gebruik
	Dit is for aye-khen khebrowk
How much import duty ____ do I have to pay?	Hoeveel moet ik aan invoerrechten betalen?
	Hoo fayl moot ik an infoor-rekhten betaalen?
Can I go now? _____	Mag ik nu gaan?
	Makh ik noo khaan?

 .3 Luggage

Porter! _____	Kruier!
	krow-yer
Could you take this _____ luggage to...?	Wilt u deze bagage naar brengen...alstublieft?
	Vilt-oo dayze bakhazya naar...brengen alstoobleeft?
How much do I _____ owe you?	Hoeveel krijgt u van mij?
	Hoofayl krayekht-oo fan maye?
Where can I find a _____ luggage cart?	Waar kan ik en bagagewagentje vinden?
	Vaar kan ik an bakh-azya-vakhent-ya finden?
Could you store this _____ luggage for me?	Kan ik deze bagage in bewaring geven?
	Kan ik day-ze bakh-azya in be-waaring khaye-fen?
Where are the luggage ____ lockers?	Waar zijn de bagagekluizen?
	Vaar zayen de bakh-azya klowzen?
I can't get the locker _____ open	Ik krijg de kluis niet open
	Ik krayekh de klowse neet opa
How much is it per item ___ per day?	Howveel kost het per stuk per dag?
	Hoofayl kost het per stuck per dakh?
This is not my bag/ _____ suitcase	Dit is niet mijn tas/koffer
	Dit is neet mayen tass/koffer
There's one item/bag/ _____ suitcase missing still	Er ontbreekt nog een stuk/tas/koffer
	Air ont-braykt nokh ayn stuck/tass/kof-fer
My suitcase is damaged ___	Mijn koffer is beschadigd
	Mayen koffer is be-skha-dikhd

.4 Traffic signs

afrit	doodlopende weg	eenrichtingsverkeer
exit	dead end (cul-de-sac)	one-way traffic
alle richtingen		einde
all directions	doorgaand verkeer	snelheidsbeperking
andere richtingen	gestremd	end of speed limit
other directions	road closed	fabrieksuitgang
centrum	doorgaand verkeer	trucks exit
town center	through traffic	

fietsers	**parkeerplaats**	**verboden in te halen**
cyclists	parking area (out of	no passing
fietspad	town)	**verboden linksaf te**
bicycle path	**parkeerzone**	**slaan**
gevaar	**(parkeerschijf**	no left turn
danger	**verplicht)**	**verboden rechtsaf**
gevaarlijke bochten	zone parking (permit	**te slaan**
dangerous curves	must be shown)	no right turn
helling	**rechts houden**	**verminder snelheid**
incline	keep right	reduce speed
ijzel	**rijbaan voor bus**	**verplichte rijrichting**
black ice	bus lane	compulsory route
inrijden verboden	**slecht wegdek**	**voetgangers**
no entry	irregular road	pedestrians
kruising	surface	**voorangsweg**
intersection	**slipgevaar**	major road
langzaam	slippery road	**voorrang verlenen**
slow	**snelheid**	yield
links houden	**verminderen**	**voorsorteren**
keep left	reduce speed	get in lane
maximum snelheid	**snelweg**	**wachtverbod**
maximum speed	highway	no waiting
ondergrondse	**stapvoets**	**weg afgesloten**
parkeergarage	drive at walking	road closed
underground parking	pace	**wegomlegging**
garage	**steenslag**	detour
ontsteek uw lichten	loose gravel	**wegversmalling**
turn on lights	**tegenliggers**	road narrows
oversteekplaats	oncoming traffic	**werk in uitvoering**
voetgangers	**uitgang**	road work
pedestrian crossing	exit/way out	**zachte berm**
overweg	**uitrit**	soft shoulder
grade crossing	exit	**ziekenhuis**
	uitrit vrijlaten	hospital
	keep exit free	

On the road

 .5 The car

See the diagram on page 53.

● Particular traffic regulations:
Maximum speed for cars:
120 kph on highways
80 kph on main roads
50 kph in town centers
At 'walking pace' in designated residential zones signed with a white house on a blue background.
Yield to the right except on designated priority roads and also at rotaries (to traffic entering the rotary!).

● **.6 T**he gas station

● Lead free, diesel, and LPG (liquified petroleum gas) is widely available throughout the Netherlands, and although leaded gas is no longer available, fuel suitable for engines running on leaded gas is sold as 'Super'. In Belgium, leaded fuel called 'Super' can be bought, however gas is less widely available. Gas is sold by the liter.

How many kilometers to ___ the next gas station, please?	Hoeveel kilometer is het naar het volgende benzinestation?
	Hoofayl keelomayter is het naar het folkhenda benzeena-sta-shon?
… liters, please _____	Ik wil...liter
	Ik vil...leeter
… liters of super, please ___	Ik wil...liter superbenzine
	Ik vil...liter superbenzeena
… liters regular, please ____	Ik wil...liter normale benzine
	Ik vil...leeter norm-ala benzeena
… diesel, please_____	Ik wil...liter diesel
	Ik vil...leeter deesel
... unleaded, please_____	Ik wil...liter loodvrije benzine
	Ik vil...leeter loadfraye benzeena
… guilders/francs _____ worth of LPG, please	Ik wil voor...gulden/frank LPG
	Ik vil foar ...khulden/fronk el-pay-khay
Fill her up, please _____	Vol alstublieft
	Foll als-too-bleeft
Could you check...?_____	Wilt u...controleren?
	Vilt oo...control-ayren
Could you check the _____ oil level?	Wilt u het oliepeil controleren?
	Vilt-oo het oaliepile control-ayren?
Could you check the tire ___ pressures, please?	Wilt u de bandenspanning controleren?
	Vilt-oo de banden-span-ing control-ayren?
Could you change the _____ oil, please?	Kunt u de olie verversen?
	Kunt-oo de oalie ferversen?
Could you clean the _____ windows/the windshield, please?	Kunt u de ruiten/voorruit schoonmaken?
	Kunt-oo de rowten/for-rowt skhoanmaken?
Could you wash the _____ car, please?	Kunt u de auto een wasbeurt geven?
	Kunt-oo de owtoe an wasbeurt khayfan?

5 .7 Breakdowns and repairs

I'm having trouble with ___ the car. Can you help me?	Ik heb pech. Kunt u me even helpen?
	Ik hep pekh. Kunt-oo ma ayfa helpa?
I've run out of gas_____	Ik sta zonder benzine
	Ik sta zonder benzeena
I've locked the keys_____ in the car	Ik heb de sleuteltjes in de auto laten staan
	Ik hep de sleu-telt-yas in de owtoe laten staan
The car/motorcycle/ _____ moped won't start	De auto/motorfiets/brommer start niet
	De ow-toe/motorfeets/brommer start neet
Could you contact the _____ road service?	Kunt u voor mij de wegenwacht waarschuwen?
	Kunt-oo for maye de vaykhenvakht vaarskhooen?
Could you call a garage____ for me, please?	Kunt u voor mij een garage bellen?
	Kunt-oo for maye an khara-zya bellen?
Could you give me _____ a lift to...?	Mag ik meerijden naar ...?
	Makh ik mayrayeden naar?
Could you give me a _____ lift to a garage/the town?	Mag ik meerijden naar een garage/de stad?
	Makh ik may-raye-den naar an khara-zya/de stat?
Could you give me a _____ lift to a phone booth?	Mag ik meerijden naar een telefooncel?
	Makh ik may-raye-den naar an tay-la-foan-sell?

English	Dutch	Pronunciation
Could you give me a _____ lift to an emergency phone?	Mag ik meerijden naar een praatpaal?	*Makh ik mayrayeden naar an praatpaal?*
Can we bring my _____ moped/bicycle?	Kan mijn bromfiets/fiets ook mee?	*Kan mayen bromfeets/feets aok may?*
Could you tow me to _____ a garage?	Kunt u mij naar een garage slepen?	*Kunt-oo maye naar an khara-zya slaypa?*
There's probably _____ something wrong with...(See 5.5 and 5.8).	Er is waarschijnlijk iets mis met...	*Air is vaarskhayenlik eets mis met...*
Can you fix it? _____	Kunt u het repareren?	*Kunt oo het repar-ayren?*
Could you fix my tire? _____	Kunt u mijn band plakken?	*Kunt-o mayen bant plakken?*
Could you change this_____ wheel?	Kunt u dit wiel verwisselen?	*Kunt-oo dit weel fer-vis-elen?*
Can you fix it so it will _____ get me to...?	Kunt u het zo repareren, dat ik ermee naar...kan rijden?	*Kunt-oo het zo repar-ayren, dat ik ermay naar...kan rayeden*
Which garage can _____ help me?	Welke garage kan me helpen?	*Vel-ka khara-zya kan ma helpa?*
When will my car/bicycle __ be ready?	Wanneer is mijn auto/fiets klaar?	*Van-eer is mayen owtoe/feets klaar?*
Can I wait for it here?_____	Kan ik er hier op wachten?	*Kan ik air heer op vachten?*
How much will it cost? ____	Hoeveel gaat het kosten?	*Hoofayl khaat het kosten?*
Could you itemize _____ the bill?	Kunt u de rekening specificeren?	*Kunt-oo de ray-ken-ing spess-if-is-sayren?*
Can I have a receipt for ____ the insurance?	Mag ik een kwitantie voor de verzekering?	*Makh ik an kwit-ant-zee for de fer-zaykering?*

Ik heb geen onderdelen voor uw _____ wagen/fiets	I don't have parts for your car/bicycle
Ik moet de onderdelen ergens _____ anders gaan halen	I have to get the parts from somewhere else
Ik moet de onderdelen bestellen _____	I have to order the parts
Dat duurt een halve dag_____	That'll take half a day
Dat duurt een paar dagen _____	That'll take a few days
Dat duurt een week _____	That'll take a week
Uw auto is total loss _____	Your car is a total loss
Daar valt niets meer aan te doen_____	It can't be repaired
De auto/motor/brommer/fiets _____ is om...uur klaar	The car/motorcycle/moped/ bicycle will be ready at... o'clock

5 .8 **T**he bicycle/moped

See the diagram on page 55.

● There is an excellent network of paths for bicycles and mopeds which keep cyclists separated from other traffic. There are special traffic lights at intersections and crossings for bicycles and mopeds. Special parking areas are set aside in towns and at railway stations for bicycles.

The parts of a car
(the diagram shows the numbered parts)

	English	Dutch	Pronunciation
1	battery	accu	acc-oo
2	rear light	achterlicht	achter-likht
3	rear view mirror	achteruitkijkspiegel	achter-owt-kayek-speekhel
4	antenna	autoradio-antenne	owtoe rad-ee-oh an-ten-na
5	gas tank	benzinetank	benzeena-tank
6	spark plugs	bougies	boozjees
	fuel filter/pump	brandstoffilter/pomp	brantstof-filter
7	side miror	buitenspiegel	bowtenspeekhel
8	bumper	bumper	bumper
	carburetor	carburateur	karboo-rateur
	crankcase	carter	karter
	cylinder	cilinder	seelinder
	breaker points	contactpunten	kontaktpunten
	warning light	controlelampje	kontrola-lamp-ya
	generator	dynamo	deen-aa-mow
	accelerator	gaspedaal	khas-ped-aal
	handbrake	handrem	hant-rem
	valve	klep	klep
9	muffler	knalpot	knal-pot
10	trunk	kofferbak	kofferbak
11	headlight	koplamp	koplamp
	crankshaft	krukas	kruck-as
12	air filter	luchtfilter	lukhtfilter
	rear fog lamp	mistachterlamp	mist-akhterlamp
13	engine block	motorblok	motorblok
	camshaft	nokkenas	nokkenass
	oil filter/pump	oliefilter/pomp	oaliefilter/pomp
	dipstick	oliepeilstok	oaliepaylstok
	pedal	pedaal	ped-aal
14	door	portier	porteer
15	radiator	radiateur	rad-ee-at-eur
16	brake disk	remschijf	remskhayef
	spare wheel	reservewiel	reserva-weel
17	indicator	richtingaanwijzer	rikhting-aanvayezer
18	windshield wiper	ruitenwisser	rowtenvisser
19	shock absorbers	schokbrekers	skhokbraykers
	sunroof	schuifdak	skhowfdak
	spoiler	spoiler	spoiler
	starter motor	startmoter	startmoter
20	steering column	stuurhuis	stoorhowse
21	exhaust pipe	uitlaatpijp	owtlaatpayep
22	seat belt	veiligheidsgordel	faylikh-hayts-khordel
	fan	ventilator	fenty-layt-or
23	distributor cables	verdelerskabels	ferdaylerskab-els
24	gear shift	versnellingshandle	fersnellingshendel
25	windshield	voorruit	foar-rowt
	water pump	waterpomp	vaaterpomp
26	wheel	wiel	weel
27	hubcap	wieldop	weel-dop
	piston	zuiger	zowkher

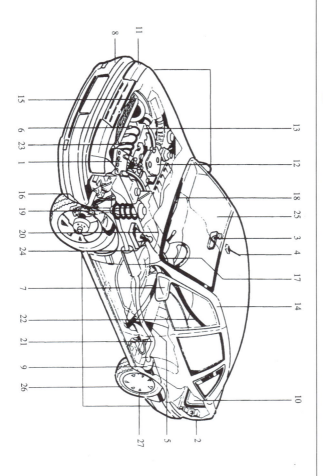

The parts of a bicycle
(the diagram shows the numbered parts)

	English	Dutch	Pronunciation
1	rear light	achterlicht	*akhter-likht*
2	rear wheel	achterwiel	*akhter-weel*
3	(luggage) carrier	bagagedrager	*bakha-zya-drakher*
4	fork head	balhoofd	*bal-hoaft*
5	bell	bel	*bell*
	inner tube	binnenband	*binnenbant*
	tire	buitenband	*bowtenbant*
6	crank	crank	*crank*
7	derailleur	derailleur	*de-rayl-eur*
	wire	draadje	*draad-ya*
	generator	dynamo	*dee-nam-oh*
	bicycle trailer	fietskar	*feets-kar*
	frame	frame	*fraym*
8	coat guard	jasbeschermer	*yasbeskhairmer*
9	chain	ketting	*kett-ing*
	chain guard	kettingkast	*kett-ing kast*
	chain lock	kettingslot	*kett-ing slot*
	odometer	kilometerteller	*keelo-mayter teller*
	child's seat	kinderzitje	*kinder-zit-ya*
10	headlight	koplamp	*koplamp*
	bulb	lampje	*lamp-ya*
11	pedal	pedaal	*ped-aal*
12	pump	pomp	*pomp*
13	reflector	reflector	*re-flector*
14	brake shoe	remblokje	*remblok-ya*
15	brake cable	remkabel	*rem-ka-bel*
16	ring lock	ringslot	*ringslot*
17	carrier straps	snelbinders	*snelbinders*
	speedometer	snelheidsmeter	*snelhayetsmayter*
18	spoke	spaak	*spaak*
19	mudguard	spatbord	*spatbord*
20	handlebars	stuur	*stoo-er*
21	chain wheel	tandwiel	*tantweel*
	toe clip	toeclip	*toeclip*
22	crank axle	trapas	*trap-as*
	drum brake	trommelrem	*trommel-rem*
23	rim	velg	*velkh*
24	valve	ventiel	*fenteel*
	valve tube	ventielslangetje	*fenteel-slang-etya*
	gear cable	versnellingskabel	*fersnellings-kaab-el*
26	front fork	voorvork	*foar-vork*
27	front wheel	voorwiel	*foar-weel*
28	saddle	zadel	*zaad-el*

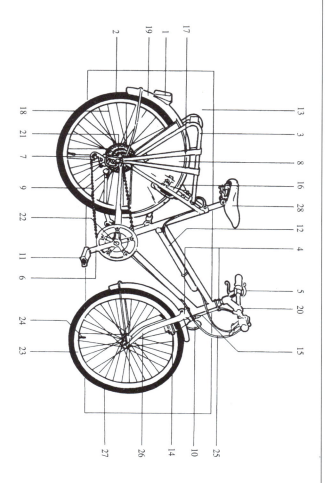

5 .9 Renting a vehicle

I'd like to rent a... _____	Ik wil graag een...huren
	Ik vil khraakh an...hooren
Do I need a (special) _____ license for that?	Heb ik daarvoor een (bepaald) rijbewijs nodig?
	Hep ik daarfoar an (bepaald) rayebewayes noadikh?
I'd like to rent the...for... __	Ik wil graag de...huren voor...
	Ik vil khraakh de...hooren for...
I'd like to rent the... _____ for one day	Ik wil graag de...huren voor een dag
	Ik vil khraakh de...hooren foar ayn dakh
I'd like to rent the... _____ for two days	Ik wil graag de...huren voor twee dagen
	Ik vil khraakh de...hooren foar tway daakhen
How much is that _____ per day?	Wat kost dat per dag?
	Vhat kost dat per dakh?
How much is the_____ deposit?	Hoeveel is de borgsom?
	Hoofayl is the borkhsom?
Could I have a receipt _____ for the deposit?	Mag ik een bewijs dat ik de borgsom betaald heb?
	Makh ik an be-wayes dat ik de borkhsom betaald hep?
How much is the_____ surcharge per kilometer?	Hoeveel toeslag komt er per kilometer bij?
	Hoovayl too-slakh komt-er per keelo-mayter baye?
Does that include _____ gas?	Is de benzine erbij inbegrepen?
	Is de benzeena airbaye inbekhraypen?
Does that include _____ insurance?	Is de verzekering erbij inbegrepen?
	Is de ferzaykering airbaye inbekhraypen?
What time can I pick _____ the...up tomorrow?	Hoe laat kan ik de...morgen ophalen?
	Hoo laat kan ik de...morkha ophala?
When does the...have _____ to be back?	Wanneer moet ik de...terugbrengen?
	Vaneer moot ik de...terukh-brengen?
Where's the gas tank? _____	Waar zit de tank?
	Vaar zit de tank?

5 .10 Hitchhiking

Where are you heading? _	Waar gaat u naartoe?
	Vhaar khaat-oo naar-to
Can I come along? _____	Mag ik met u meerijden?
	Makh ik met-oo may-rayeden?
Can my (boy)friend/_____ (girl)friend come too?	Mag mijn vriend/vriendin ook mee?
	Makh mayen freend/freendin oak may?
I'm trying to get to... _____	Ik moet naar...
	Ik moot naar...
Is that on the way to...? __	Ligt dat op de weg naar...?
	Likht dat op de vekh naar...?
Could you drop _____ me off...?	Kunt u me...afzetten?
	Kunt-oo ma ... af-zetten?
Could you drop _____ me off here?	Kunt u me hier afzetten?
	Kunt-oo ma heer af-zetten?
Could you drop _____ me off at the...?	Kunt u me bijde...afzetten?
	Kunt-oo ma baye de...af-zetten?
Could you drop _____ me off in the town center?	Kunt u me in het centrum afzetten?
	Kunt-oo ma in het sentrum af-zetten?

Could you drop me off at __ the next rotary?

Kunt u me bij de volgende rotonde afzetten?

Kunt-oo ma baye de folkhenda rotunda af-zetten?

Could you stop here, _____ please?

Wilt u hier stoppen alstublieft?

Vilt-oo heer stoppa als-too-bleeft?

I'd like to get out here _____

Ik wil er hier uit

Ik vil air heer owt

Thanks for the lift _____

Dank u wel voor de lift

Dank oo vel for de lift

5

On the road

Public transportation

6.1 In general   59

6.2 Questions to passengers 60

6.3 Tickets   61

6.4 Information   62

6.5 Airplanes   63

6.6 Trains   63

6.7 Taxis   63

Public transportation

 .1 **I**n general

Announcements

De trein uit...van tien uur veertig _____ heeft een vertraging van vijftien minuten	The 10:40 train from...has been delayed by 15 minutes
Op spoor vijf komt thans binnen _____ de trein van tien uur veertig naar...	The train now arriving at platform 5 is the 10:40 train to ...
De trein van tien uur veertig naar..._____ staat nog gereed op spoor vijf	The 10:40 train to...is still waiting at platform 5
Reizigers in de richting... _____ dienen in...over te stappen	Passengers for ... should change at ...
We naderen thans station..._____	We're now approaching...

Where does this train_____ go to?	Waar gaat deze trein naartoe? *Vaar khaat day-ze trayen naar-too?*
Does this boat go to...? ____	Gaat deze boot naar...? *Khaat day-ze boat naar...?*
Can I take this bus to...? ___	Kan ik deze bus nemen om naar...te gaan? *Kan ik day-ze bus naymen om naar...te khaan?*
Does this train stop at...? __	Stopt deze trein in...? *Stopt day-ze trayen in...?*
Is this seat taken/free/ _____ reserved?	Is deze plaats bezet/vrij/gereserveerd? *Is day-ze plaats be-zet/vraye/khe-rays'rvayrt?*
I've reserved... _____	Ik heb...gereserveerd *Ik hep...khe-rayservayrt*
Could you tell me _____ where I have to get off for... ?	Wilt u me zeggen waar ik moet uitstappen voor...? *Vilt-oo ma zekh-kha vaar ik moot owtstappen for...?*
Could you let me_____ know when we get to...?	Wilt u me waarschuwen als we bij...zijn? *Vilt-oo ma vaar-skhoo-en als wa baye...zayen?*
Could you stop at the_____ next stop, please?	Wilt u bij de volgende halte stoppen alstublieft? *Vilt-oo baye de fol-khenda halta stoppa als-too-bleeft?*
Where are we now? _____	Waar zijn we hier? *Vaar zayen wa heer?*
Do I have to get off here? __	Moet ik er hier uit? *Moot ik air heer owt?*
Have we passed...? _____	Zijn we...al voorbij? *Zayen wa...al forbaye?*
How long have I been _____ asleep?	Hoe lang heb ik geslapen? *Hoo lang hep ik kheslapen?*
How long does... _____ stop here?	Hoe lang blijft...hier staan? *Hoo lang blayeft...heer staan?*
Can I come back on the____ same ticket?	Kan ik op dit kaartje ook weer terug? *Kan ik op dit kart-ya oak vayr terukh?*

Public transportation

Can I change on this_____ ticket?	Kan ik met dit kaartje overstappen?
	Kan ik met dit kaart-ya oafer-stappa?
How long is this ticket _____ valid for?	Hoe lang is dit kaartje geldig?
	Hoo lang is dit kaart-ya kheldikh?

.2 Questions to passengers

Ticket types

Eerste klas of tweede klas? _____	First or second class?
Enkele reis of retour?_____	Single or return?
Roken of niet roken? _____	Smoking or nonsmoking?
Aan het raam of aan het gangpad?_____	Window or aisle?
Voorin of achterin?_____	Front or back?
Zitplaats of couchette? _____	Seat or berth?
Boven, midden of onder?_____	Top, middle or bottom?
Toeristenklasse of business class?_____	Tourist class or business class?
Hut of stoel?_____	Cabin or seat?
Eenpersoons of tweepersoons? _____	Single or double?
Met hoeveel personen reist u? _____	How many are traveling?

Destination

Waar gaat u naartoe? _____	Where are you traveling?
Wanneer vertrekt u? _____	When are you leaving?
Uw...vertrekt om... _____	Your...leaves at...
U moet overstappen _____	You have to change
U moet uitstappen in... _____	You have to get off at...
U moet via...reizen _____	You must travel via...
De heenreis is op _____	The outward journey is on...
De terugreis is op... _____	The return journey is on...
U moet uiterlijk...aan boord zijn_____	You have to be on board by...

Inside the train, coach, ship

Uw plaatsbewijs alstublieft _____	Your ticket, please
Uw reservering alstublieft _____	Your reservation, please
Uw paspoort alstublieft _____	Your passport, please
U zit in de verkeerde... _____	You're on/in the wrong...
U zit op de verkeerde plaats _____	You're in the wrong seat
Deze plaats is gereserveerd_____	This seat is reserved
U moet toeslag betalen _____	You have to pay an extra charge
De...heeft een vertraging van...minuten__	The...has been delayed by...minutes

Where can I...?	Waar kan ik...?
	Vaar kan ik...?
Where can I buy a ticket?	Waar kan ik een kaartje kopen?
	Vaar kan ik an kaart-ya koapen?
Where can I make a reservation?	Waar kan ik een plaats reserveren?
	Vaar kan ik an plaats rayservayren?
Where can I reserve a flight?	Waar kan ik een vlucht boeken?
	Vaar kan ik an flukht booken?
...to..., please?	Mag ik van...naar...?
	Makh ik fan...naar...
A single to..., please	Mag ik een enkele reis naar...?
	Makh ik an enk-el-le rayes naar...
A return to..., please	Mag ik een retour naar...?
	Makh ik an retour naar...?
first class	eerste klasse
	eer-sta klasse
second class	tweede klasse
	tway-de klasse
tourist class	toeristenklasse
	toeristenklasse
business class	business class
	business class
I'd like to reserve a seat/berth/cabin	Ik wil een zitplaats/couchette/hut reserveren
	Ik vil an zit-plaats/coo-shet/hu-t ray-serv-ayren
I'd like to reserve a berth in the sleeping car	Ik wil een plaats in de slaapwagen reserveren
	Ik vil an plaats in de slaapvaakhen rayserv-ayren
top/middle/bottom	boven/midden/onder
	boafen/midden/ond-er
smoking/no smoking	roken/niet roken
	roaken/neet roaken
by the window	aan het raam
	aan het raam
single/double	eenpersoons/tweepersoons
	aynper-soans/twayper-soans
at the front/back	voorin/acherin
	foar-in/achterin
There are...of us	We zijn met...personen
	Wa zayen met...persoanen
one car	een auto
	ayn owtoe
one trailer	een caravan
	ayn ker-a-fan
...bicycles	...fietsen
	...feetsa
Do you have a...?	Heeft u ook een...?
	Hayft-oo oak an...?
Do you have season tickets?	Heeft u ook een meerrittenkaart?
	Hayft-oo oak an meer-ritten-kaart?
Do you have weekly tickets?	Heeft u ook een weekabonnement?
	Hayft-oo oak an wayk-abon-ament?

Public transportation

Do you have monthly _____ Heeft u ook een maandabonnement?
season tickets? *Hayft-oo oak an maand-anbon-ament?*

6 .4 Information

Where's...? _____ Waar is...?
Vaar is...?

Where's the information ___ Waar is het inlichtingenbureau?
desk? *Vaar is het inlikhtingenboo-row?*

Where can I find a_____ Waar is een overzicht van de
departures/arrivals vertrektijden/aankomsttijden
timetable? *Vaar is an oaferzikht fan de*
fertrektayeden/aankomst-tayeden?

Where's the...desk? _____ Waar is de balie van...?
Vaar is de bal-ee fan?

Do you have a city map____ Heeft u een plattegrond van de stad met
with the bus/tram/ het bus-/tram-/metro-net?
subway routes on it? *Hayft-oo an platta-khront fan de stat met het*
bu-s-/trem-/may-troh-net?

Do you have a _____ Heeft u een dienstregeling?
timetable? *Hayft-oo an dienst-ray-khaling?*

I'd like to confirm/_____ Ik wil mijn reservering/reis
cancel/change my naar...bevestigen/annuleren/wijzigen
reservation for/trip to... *Ik vil mayn rayserv-ayring/rayes naar... be-*
festikhen/annooleeren/wayezikhen

Will I get my money _____ Krijg ik mijn geld terug?
back? *Krayekh ik mayen khelt terukh?*

I want to go to... _____ Ik moet naar...Hoe reis ik daar (het snelst)
What's the quickest way naar toe?
there? *Ik moot naar...Hoo rayes ik daar (het snelst)*
naar-too?

How much is a _____ Hoeveel kost een enkele reis/retour
single/return to...? naar...?
Hoofayl kost an en-kel-le rayes/retoor naar...?

Do I have to pay extra? ____ Moet ik toeslag betalen?
Moot ik too-slakh be-taalen?

Can I interrupt my_____ Mag ik de reis met dit ticket onderbreken?
journey with this ticket? *Makh ik de rayes met dit ticket*
onderbrayken?

How much luggage _____ Hoeveel bagage mag ik meenemen?
am I allowed? *Hoofayl bakha-zya makh ik may-naymen?*

Does this...travel direct? ___ Gaat deze...rechtstreeks?
Khaat dayze...rekhtstrayks?

Do I have to change? _____ Moet ik overstappen? Waar?
Where? *Moot ik oaferstappa? Vaar?*

Will there be any _____ Maakt het vliegtuig tussenlandingen?
stopovers? (by air) *Maakt het fleekhtowkh tussen-landingen?*

Does the boat stop at_____ Doet de boot onderweg havens aan?
any ports on the way? *Doot de boat on-der-vhekh haafens an?*

Does the train/ _____ Stopt de trein/bus in...?
bus stop at...? *Stopt de trayen/bus in...?*

Where should I get off? ____ Waar moet ik uitstappen?
Vaar moot ik owtstappa?

Is there a connection _____ Is er een aansluiting naar...?
to...? *Is air an ansl-owa-ting naar...?*

How long do I have to _____ Hoe lang moet ik wachten?
wait? *Hoo lang moot ik wakhten?*

When does...leave?_____	Wanneer vertrekt...?
	Vaneer fertrekt...?
What time does the _____ first/next/last bus/tram/train leave?	Hoe laat gaat de eerste/volgende/ laatste bus/tram/trein?
	Hoo laat khaat de eersta/folkhenda/ laat-ste bu-s/trem/trayen?
What time does the _____ first/next/last flight leave?	Hoe laat gaat de eerste/volgende/ laatste vlucht?
	Hoo laat khaat de eerst/folkhenda/ laat-ste flukht?
How long does...take? _____	Hoe lang doet...erover?
	Hoo lang doot...air-oafer?
What time does...arrive ____ in...?	Hoe laat komt...aan in...?
	Hoo laat komt...aan in...?
Where does the _____ bus/tram/train to... leave from?	Waar vertrekt de bus/tram/trein naar...?
	Vaar fertrekt de bu-s/trem/trayen naar...?
Where does the _____ flight to...leave from?	Waar vertrekt de vlucht naar...?
	Vaar fertrekt de flukht naar...?

.5 Airplanes

● **Airports in** The Netherlands and Belgium have signs to separate *aankomst* (arrivals) and *vertrek* (departure) areas and entrances.

aankomst	internationaal
arrivals	international
vertrek	binnenlandse
departures	vluchten
	domestic flights

6 .6 Trains

● **The Dutch** rail network provides an efficient means of getting around between centers in the country with frequent trains to many destinations. There are fast Inter-City trains to the more important towns and cities and also international trains that connect with the entire European rail network. Amsterdam airport (Schiphol) is served by rail with connections throughout the country.

6 .7 Taxis

● **Taxis serve the airports and stations** and can also be found on stands in town centers. Taxis cannot be hailed on the street, but if you wish to book one by telephone they can be found under Taxi in the *Gouden Gids* (Yellow Pages).

bezet	taxistandplaats	vrij
taken	taxi stand	for hire

Could you get me a taxi, ___ please?	Kunt u een taxi voor me bellen?
	Kunt-oo an taksee for ma bella?

Public transportation

Where can I find a taxi_____ around here?	Waar kan ik hier in de buurt een taxi nemen?
	Vaar kan ik heer in de boort an taksee naymen?
Could you take me to..., ___ please?	Brengt u me naar...alstublieft
	Brengt-oo ma naar...als-too-bleeft
Could you take me to_____ this address, please?	Brengt u me naar dit adres alstublieft
	Brengt-oo ma naar dit address als-too-bleeft
The...hotel, please_____	Brengt u me naar hotel...
	Brengt-oo ma naar hoatel...
The town/center of the city_ please	Brengt u me naar het centrum
	Brengt-oo ma naar het sentrum
The station, please _____	Brengt u me naar het station
	Brengt-oo ma naar het sta-syon
The airport, please _____	Brengt u me naar het vliegveld
	Brengt-oo ma naar het fleekhfelt
How much is the _____ trip to...?	Hoeveel kost een rit naar...?
	Hoofayl kost an rit naar...?
How far is it to...? _____	Hoever is het naar...?
	Hoo-fer is het naar...?
Could you turn on the _____ meter, please?	Wilt u de meter aanzetten alstublieft?
	Vilt-oo de mayter anzetten als-too-bleeft?
I'm in a hurry _____	Ik heb haast
	Ik hep haast
Could you speed up/slow __ down a little?	Kunt u iets harder/langzamer rijden?
	Kunt-oo eets harder/langzaamer rayeden?
Could you take a _____ different route?	Kunt u een andere weg nemen?
	Kunt-oo an and-er-a vekh naymen?
I'd like to get out here,_____ please	Laat u me er hier maar uit
	Laat-oo ma air heer maar owt
You have to go...here _____	U moet hier...
	Oo moot heer...
You have to go straight ____ here	U moet hier rechtdoor
	Oo moot heer rekhtdoar
You have to go left _____ here	U moet hier linksaf
	Oo moot heer links-af
You have turn right_____ here	U moet hier rechtsaf
	Oo moot heer rekhts-af
This is it _____	Hier is het
	Heer is het
Could you wait a few _____ minutes for me?	Kunt u een ogenblikje op mij wachten?
	Kunt-oo an oakhenblik-ya op maye vakhta?

7

Overnight accommodation

7.1 In General 66

7.2 Camping 67
Camping equipment *68–69*

7.3 Hotel/B&B/apartment/
holiday rental 70

7.4 Complaints 71

7.5 Departure 72

Overnight accommodation

7 .1 In General

● There is a variety of overnight accommodation in The Netherlands ranging from small pensions or bed & breakfast establishments and small family run hotels to the large international chains. Budget priced B&B can be reserved via the local VVV Tourist Information Bureau. Most establishments, except the more expensive hotels, include breakfast with the room charge. Camping is only permitted in The Netherlands in a recognized campsite. An International Camping Carnet is not mandatory but helpful. Campsites are usually seasonally operated.

Hoe lang wilt u blijven? _____	How long will you be staying?
Wilt u dit formulier invullen, alstublieft __	Fill in this form, please
Mag ik uw paspoort?_____	Could I see your passport?
U moet een borgsom betalen_____	I'll need a deposit
U moet vooruit betalen_____	You'll have to pay in advance

My name's...I've made_____ a reservation over the phone/by mail	Mijn naam is...Ik heb telefonisch/schriftelijk een plaats gereserveerd *Mayen naam is...Ik hep taylafoanisch/skhriftelik an plaats khe-reserv-ayrt*
How much is it per _____ night/week/month?	Wat kost het per nacht/week/maand? *Vat kost her per nakht/wayk/maand?*
We'll be staying at _____ least...nights/weeks	We blijven minstens...nachten/weken *Wa blayefen mins-tens...nakhten/ wayken*
We don't know yet _____	We weten het nog niet precies *We wayten het nokh neet pre-sees*
Do you allow pets _____ (dogs/cats)?	Zijn huisdieren (honden/katten) toegestaan? *Zayen howsedeeren (honden/katten) too-khe-staan?*
What time does the _____ gate/door open/close?	Hoe laat gaat de poort/deur open/dicht? *Hoo laat khaat de poort/door opa/dicht?*
Could you get me _____ a taxi, please?	Wilt u een taxi voor me bellen? *Vilt-oo an taksee for ma bellen?*
Is there any mail _____ for me?	Is er post voor mij? *Is air posst for maye?*

See the diagram on page 69.

U mag zelf uw plaats uitzoeken _____	You can pick your own site
U krijgt een plaats toegewezen _____	You'll be allocated a site
Dit is uw plaatsnummer _____	This is your site number
Wilt u dit op uw auto plakken? _____	Stick this on your car, please
U mag dit kaartje niet verliezen _____	Please don't lose this card

Where's the manager? _____	Waar is de beheerder?
	Vaar is de be-hayrder?
Are we allowed to _____ camp here?	Mogen we hier kamperen?
	Moakha wa heer kamp-ayra?
There are...of us and _____ ...tents	We zijn met...personen en... tenten
	Wa zayen met...persoanen en...tent-en
Can we pick our _____ own site?	Mogen we zelf een plaats uitzoeken?
	Moakha wa zelf an plaats owt-zooken?
Do you have a quiet _____ spot for us?	Heeft u een rustig plekje voor ons?
	Hayft-oo an rus-tikh plek-ya for ons?
Do you have any other ____ sites available?	Heeft u geen andere plaats vrij?
	Hayft-oo khayn an-de-ra plaats fraye?
It's too windy/sunny/ _____ shady here.	Er is hier te veel wind/zon/schaduw
	Air is heer te fayl vint/zon/skhadoow
It's too crowded here _____	Het is hier te druk
	Het is heer te druk
The ground's too _____ hard/uneven	De grond is te hard/ongelijk
	De khront is te hart/on-khe-layek
Do you have a level _____ spot for the camper/ trailer/folding trailer?	Heeft u een horizontale plek voor de camper/caravan/vouwwagen?
	Hayft-oo an horizontal-a plek for de kemper/ker-a-fan/fow-vaakhen?
Could we have _____ adjoining sites?	Kunnen we bij elkaar staan?
	Kunnen wa baye el-kaar staan?
Can we park the car _____ next to the tent?	Mag de auto bij de tent geparkeerd worden?
	Makh de owtoe baye de tent khe-park-eert vorden?
How much is it per _____ person/tent/trailer/car?	Wat kost het per persoon/tent/ caravan/auto?
	Vaat kost het per persoan/tent/ ker-a-fan/owtoe?
Do you have bungalows __ for rent?	Heeft u een hut te huur?
	Hayft-oo an hu-t te huur?
Are there any...? _____	Zijn er...?
	Zayen-air...?
Are there any _____ hot showers?	Zijn er douches met warm water?
	Zayen-air dooshes met var-em vaater?
Are there any _____ washing machines?	Zijn er wasmachines?
	Zayen air was-masheenes?
Is there a...on the site? _____	Is er op het terrein een...?
	Is air op het ter-rain an...?

Overnight accommodation

Camping equipment
(the diagram shows the numbered parts)

English	Dutch	Pronunciation
luggage space	bagagepunt	*bakhazya punt*
can opener	blikopener	*blik-oapener*
butane gas bottle	butagasfles	*boota-khas-fless*
1 pannier	fietstas	*feets-tas*
2 gas cooker	gasstel	*khas-stel*
3 groundsheet	grondzeil	*khront-zayel*
hammer	hamer	*haamer*
hammock	hangmat	*hang-mat*
4 gas can	jerrycan	*yerri-can*
camp fire	kampvuur	*kamp-foor*
5 folding chair	klapstoel	*klap-stool*
6 cool box	koelbox	*kool box*
ice pack	koelelement	*kool-ay-la-ment*
compass	kompas	*kom-pas*
mantle	kousje	*kows-ya*
corkscrew	kurkentrekker	*kurken-trekker*
7 airbed	luchtbed	*lukhtbed*
8 airbed	luchtbedstopje	*lukhtbed stop-ya*
pump	luchtpomp	*lukhtpomp*
9 awning	luifel	*l-owa-fel*
10 bedroll mat	matje	*mat-ya*
11 pan	pan	*pan*
12 pan handle	pannengreep	*pan-nen-khrayp*
primus stove	primus	*pree-mus*
zipper	rits	*ritz*
13 backpack	rugzak	*rukhzak*
14 guy rope	scheerlijn	*skhee-er-layen*
sleeping bag	slaapzak	*slaapzak*
15 storm lantern	stormlamp	*storm-lamp*
camp bed	stretcher	*stretcher*
table	tafel	*ta-fel*
16 tent	tent	*tent*
17 tent peg	tentharing	*tent-haa-ring*
18 tent pole	tentstok	*tent-stock*
vacuum	thermosfles	*tair-mos-fless*
19 water bottle	veldfles	*felt-fless*
clothespin	wasknijper	*was-ka-nayeper*
clothesline	waslijn	*was-layen*
windbreak	windscherm	*vint-skhairm*
20 flashlight	zaklantaarn	*zak-lan-taarn*
pocket knife	zakmes	*zak-mess*

7

Overnight accommodation

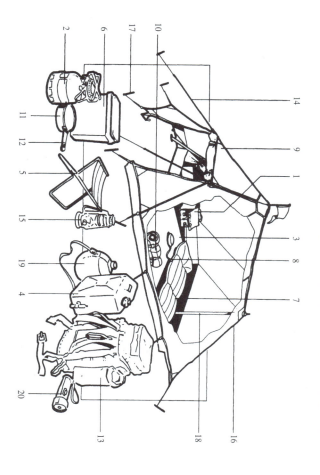

Is there a children's_____ play area on the site?	Is er op het terrein een kinderspeeltuin?
	Is air op het ter-rain an kinder-spayl-too-en?
Are there covered _____ cooking facilities on the site?	Is er op het terrein overdekte kookgelegenheid?
	Is air op het ter-rain oaferdekta koak-khelaykhen-hayet?
Can I rent a safe here? _____	Kan ik een kluis huren?
	Kan ik an klowse hoo-ren?
Are we allowed to_____ barbecue here?	Mogen we hier barbecueën?
	Moakha wa heer barbekyew-en?
Are there any power_____ outlets?	Zijn er elektriciteitsaansluitingen?
	Zayen air elek-triss-it-tayets-anslowt-ingen?
Is there drinking water?____	Is er drinkwater?
	Is air drinkvaater?
When's the garbage _____ collected?	Wanneer wordt het afval opgehaald?
	Vaneer wort het af-fal op-khe-haalt?
Do you sell gas bottles ____ (butane gas/propane gas)?	Verkoopt u gasflessen (butagas/propaangas)?
	Fairkoapt-oo khasflessen (boota-khas/propaan-khas)?

.3 Hotel/B&B/apartment/holiday rental

Do you have a _____ single/double room available?	Heeft u een eenpersoons/ tweepersoons-kamer vrij?
	Hayft-oo an ayn-persoans/ tway-persoans kamer fraye?
per person/per room _____	per persoon/per kamer
	per persoon/per kaamer
Does that include _____ breakfast/lunch/dinner?	Is dat inklusief ontbijt/lunch/diner?
	Is dat in-kloos-eef ont-bayet/lunch/deen-ay?
Could we have two_____ adjoining rooms?	Kunnen wij twee kamers naast elkaar hebben?
	Kun-en waye tway kaamers naast el-kaar hebben?
with/without _____ private facilities (toilet/bath/shower)	met/zonder eigen toilet/bad/douche
	met/zonder aye-khen twa-let/bad/doosh
(not) facing the street_____	(niet) aan de straatkant
	(neet) aan de straatkant
with/without a view _____ of the sea	met/zonder uitzicht op zee
	met/zond-er owt-zikht op zay
Is there...in the hotel?_____	Is er in het hotel...?
	Is er in het hoatel...?
Is there an elevator_____ in the hotel?	Is er in het hotel een lift?
	Is er in het hoatel an lift?
Do you have room _____ service?	Is er in het hotel roomservice?
	Is er in het hoatel room service?
Could I see the room? _____	Mag ik de kamer zien?
	Makh ik de kamer zien?
I'll take this room_____	Ik neem deze kamer
	Ik naym day-ze kamer
We don't like this one _____	Deze bevalt ons niet
	Day-ze be-falt ons neet
Do you have a larger/_____ less expensive room?	Heeft u een grotere/goedkopere kamer?
	Hayft oo an khroater-a/khood-koapera kamer?

Overnight accommodation

Toilet en douche zijn op dezelfde _____ verdieping/uw kamer	You can find the toilet and shower on the same floor/Your room has private facilities
Deze kant op _____	This way
Uw kamer is op de...etage, _____ het nummer is...	Your room is on the...floor, number...

Could you put in a cot? ____	Kunt u een kinderbedje bijplaatsen?
	Kunt-oo an kinder-bet-ya baye-plaatsen?
What time's breakfast? ____	Hoe laat is het ontbijt?
	Hoo laat is het ont-bayet?
Where's the dining _____ room?	Waar is de eetzaal?
	Vaar is de ayt-zaal?
Can I have breakfast_____ in my room?	Kan ik het ontbijt op de kamer krijgen?
	Kan ik het ont-bayet op de kamer kraye-kha?
Where's the emergency____ exit/fire escape?	Waar is de nooduitgang/brandtrap?
	Vaar is de nood-owt-khang/brant-trap?
Where can I park my _____ car (safely)?	Waar kan ik mijn auto (veilig) parkeren?
	Vaar kan ik mayen owtoe (faylikh) par-kayren?
The key to room..., _____ please	De sleutel van kamer ...alstublieft
	De sl-eu-tel fan kamer...als-too-bleeft
Could you put this in _____ the safe, please?	Mag ik dit in uw kluis leggen?
	Makh ik dit in oow klowse lekh-kha?
Could you wake me _____ at...tomorrow?	Wilt u mij morgen om...uur wekken?
	Vilt-oo maye morkha om...oor wekken?
Could you find a _____ babysitter for me?	Kunt u mij aan een baby-oppas helpen?
	Kunt-oo maye aan an baby-op-pas helpa?
Could I have an extra_____ blanket?	Mag ik een extra deken?
	Makh ik an extra dayken?
What days do the _____ cleaners come in?	Op welke dagen wordt er schoongemaakt?
	Op wel-ka dakhen wort-er skhoan-khemaakt?
When do the sheets/_____ towels/dish towels get changed?	Wanneer worden de lakens/handdoeken/ theedoeken verschoond?
	Van-eer worden de la-kens/hant-dooken/tay-dook-en fer-skhoant?

 .4 Complaints

We can't sleep because ____ of the noise	Wij kunnen niet slapen door het lawaai
	Way kun-nen neet slap-en doar het la-waaye
Could you turn the _____ radio down, please?	Kan de radio iets zachter?
	Kan de rad-ee-oh eets zakht-er?
We're out of toilet paper ___	Het toiletpapier is op
	Het twa-let pap-eer is op
There aren't any.../ _____ there's not enough...	Er zijn geen.../niet genoeg...
	Air zayen khayn.../neet khenookh...
The bed linen's dirty_____	Het beddengoed is vuil
	Het bedden-khood is fowl
The room hasn't been _____ cleaned	De kamer is niet schoongemaakt
	De kamer is neet skhoan-khemaakt

Overnight accommodation

7

The kitchen is not clean_____ De keuken is niet schoon
De keu-ka is neet skhoan

The kitchen utensils are_____ De keukenspullen zijn vies
dirty De keu-ken-spul-len zayen feese

The heating doesn't _____ De verwarming doet het niet
work De fer-varm-ing doot het neet

There's no (hot) _____ Er is geen (warm) water/elektriciteit
water/electricity Air is khayn (var-em) vaat-er/ay-lek-triss-it-tayet

...is broken_____ ...is kapot
...is kapot

Could you have that _____ Kunt u dat in orde laten brengen?
seen to? Kunt-oo dat in orda laten breng-en?

Could I have another _____ Mag ik een andere kamer/plaats voor de
room/campsite? tent?
Makh ik an ande-ra kamer/plaats for de tent?

The bed creaks terribly ____ Het bed kraakt ontzettend
Het bed kraakt ont-set-end

The bed sags _____ Het bed zakt te veel door
Het bet zakt te fayl doar

Do you have a board _____ Heeft u een plank voor onder de matras?
to put under the mattress? Hayft-oo an plank foar ond-er de mat-ras?

It's too noisy _____ Er is te veel lawaai
Air is te fayl la-waaye

There are bugs/insects_____ We hebben last van ongedierte/insecten
in our room Wa heb-ba last fan on-khe-deer-te/insect-en

This place is full_____ Het stikt hier van de muggen
of mosquitoes Het stikt heer fan de mukh-khen

This place is full_____ Het stikt hier van de kakkerlakken
of cockroaches Het stikt heer fan de kak-ker-lak-a

🔴 .5 Departure

See also 8.2 Settling the bill Ik vertrek morgen. Kan ik nu afrekenen?
Ik fer-trek morkha. Kan ik noo af-ray-ken-a?

I'm leaving tomorrow. _____
Could I pay my bill, Hoe laat moeten we van...af?
please? Hoo laat mooten wa fan...af?

What time should we_____ Mag ik mijn borgsom/paspoort terug?
check out? Makh ik mayen borkh-som/passport terukh?

Could I have my_____
deposit/passport back, We hebben erge haast
please? Wa hebben er-kha haast

We're in a terrible hurry ___ Kunt u mijn post doorsturen naar dit
adres?

Could you forward _____ Kunt-oo mayen posst doar-stooren naar dit
my mail to this address?
address? Mogen onze koffers hier blijven staan
totdat we vertrekken?

Could we leave our_____ Moakhen onse koffers heer blayefen staan
luggage here until we tot-dat wa fertrekken?
leave? Bedankt voor uw gastvrijheid
Be-dankt for oow khast-fraye-hayet

Thanks for your _____
hospitality

Money matters

8.1 **B**anks   74

8.2 **S**ettling the bill   75

Money matters

.1 Banks

● **Banks** are open from Monday to Friday 9 to 5, but for those with credit cards there is a network of cash dispensers available 24 hours each day. At major railway stations and in the major cities there are also exchange offices (*wisselkantoor*) where traveler's checks can be cashed. You will need your passport as proof of identity.

Where can I find a bank/exchange office around here?	Waar is hier ergens een bank/een wisselkantoor?
	Vaar is hier er-khens an bank/vissel-kantoor?
Where can I change this traveler's check?	Waar kan ik deze reischeque inwisselen?
	Vaar kan ik day-ze rayes-scheck in-vissela?
Can I cash this...here?	Kan ik hier deze...inwisselen?
	Kan ik heer day-ze...invissela?
Can I withdraw money on my credit card here?	Kan ik hier met een creditcard geld opnemen?
	Kan ik heer met an creditcard khelt op-naymen?
What's the minimum/maximum amount?	Wat is het minimum/maximum bedrag?
	Vat is het minimum/maximum bedrakh?
Can I take out less than that?	Mag ik ook minder opnemen?
	Makh ik oak minder op-naymen?
I've had some money transferred here. Has it arrived yet?	Ik heb telegrafisch geld laten overmaken. Is dat al binnen?
	Ik hep tay-la-khrafisch khelt lata oafer-maken. Is dat al binnen?
These are the details of my bank in the United States	Dit zijn de gegevens van mijn bank in het Verenigd Koningkrijk/Ierland
	Dit zayen de khe-khayfens fan mayen bank in het Fer-ayn-igd Koaningk-rayek/Eerlant
This is my bank account number	Dit is mijn banknummer
	Dit is mayen bank-nummer
I'd like to change some money	Ik wil graag geld wisselen
	Ik vil khraakh khelt vissela
dollars into...	Engelse ponden tegen...
	Eng-elsa ponden taykhen...
Dutch guilders into...	Guldens tegen...
	khuldens taykhen
Could you give me some small change with it?	Kunt u me ook wat kleingeld geven?
	Kunt-oo ma oak vat klayenkhelt khayfa?
This is not right	Dit klopt niet
	Dit klopt neet

U moet hier tekenen _____	Sign here, please
U moet dit invullen _____	Fill this in, please
Mag ik uw paspoort zien? _____	Could I see your passport?
Mag ik uw identiteitsbewijs zien? _____	Could I see some identification, please?
Mag ik uw bankpas zien? _____	Could I see your bank card, please?

.2 Settling the bill

Could you put it on_____ my bill?	Kunt u het op mijn rekening zetten?
	Kunt-oo het op mayen ray-ken-ing zetten?
Does this amount _____ include the tip?	Is de bediening (bij dit bedrag) inbegrepen?
	Is de be-deening (baye dit be-drakh) in-be-khraypen?
Can I pay by...?_____	Kan ik met...betalen?
	Kan ik met...betalen?
Do you take credit cards? __	Kan ik met een creditcard betalen?
	Kan ik met an creditcart betalen?
Can I pay by traveler's _____ check?	Kan ik met een reischeque betalen?
	Kan ik met an rayes-sheck betalen?
Can I pay with foreign _____ currency?	Kan ik met vreemde valuta betalen?
	Kan ik met fraym-de valoota betalen?
You've given me too _____ much/you haven't given me enough change	U heeft me te veel/weinig gegeven
	Oo hayft ma te fayl/vayenikh khekhayfen
Could you check this _____ again, please?	Wilt u nog eens na-rekenen?
	Vilt-oo noch ayns na-ray-kena?
Could I have a receipt, _____ please?	Kunt u me een kwitantie/de kassabon geven?
	Kunt-oo ma an kwit-ant-see/de kassa-bon khayfen?
I don't have enough _____ money on me	Ik heb nog niet genoeg geld bij me
	Ik hep nokh neet khenookh khelt baye ma

| We nemen geen creditcards/reischeques/ vreemde valuta aan_____ | We don't accept credit cards/traveler's checks/ foreign currency |

This is for you _____	Alstublieft, dit is voor u
	Als-too-bleeft, dit is foar oo
Keep the change _____	Houdt u het wisselgeld maar
	Howt-oo het vissel-khelt maar

Mail and telephone

9.1 Mail   77

9.2 Telephone   78

Mail and telephone

.1 Mail

For giros, see 8 Money matters

● **Most post offices** are open during office hours from Monday to Friday and in addition to postal matters also act as Giro banks. Stamps (*postzegels*) can also be purchased with postcards (*briefkaarten*) from shops selling these.

pakjes	postzegels
packages	postage stamps
postwissels	telegrammen
money orders	telegrams

Where's...? _____	Waar is...?
	Vaar is...?
Could you tell me _____ where I can find a post office around here?	Waar is hier ergens een postkantoor? *Vaar is heer erkhens an posst-kant-or?*
Could you tell me _____ where the main post office is?	Waar is het hoofd postkantoor? *Vaar is het hoaft posst-kantor?*
Could you tell me _____ where I can find a mailbox around here?	Waar is hier ergens een brievenbus? *Vaar is hier erkhens an breefenbus?*
Which counter should _____ I go to for...?	Welk loket moet ik hebben voor...? *Wel-ek lok-et moot ik hebben for...?*
Which counter should _____ I go to to send a fax?	Welk loket moet ik hebben voor faxen *Wel-ek lok-et moot ik hebben for fax-en?*
Which counter should _____ I go to to change money?	Welk loket moet ik hebben voor geld wisselen? *Wel-ek lok-et moot ik hebben for khelt vissela?*
Which counter should _____ I go to to change Giro checks?	Welk loket moet ik hebben voor girocheques? *Wel-ek lok-et moot ik hebben for kheeroshecks?*
Which counter should _____ I go to for a Telegraph Money Order?	Welk loket moet ik hebben voor telegrafische giro-overmaking? *Welk-lok-et moot ik hebben for tay-la-khrafeesa kheero-oafer-maaking?*
General delivery _____	Poste restante *possta restante*
Is there any mail _____ for me? My name's...	Is er post voor mij? Mijn naam is... *Is air posst for maye? Mayen naam is...*

Postage stamps

What's the postage _____ for a...to...?	Hoeveel moet er op een...naar...? *Hoofayl moot er op an...naar...?*
Are there enough _____ stamps on?	Zitten er genoeg postzegels op? *Zitten air khenookh posstzaykhels op?*

I'd like...stamps of... _____	Ik wil graag...postzegels van...
	Ik vil khraakh...posstzaykhels fan...
I'd like to send this... _____	Ik wil dit...versturen
	Ik vil dit...ferstooren
I'd like to send this _____ express	Ik wil dit per expresse versturen
	Ik vil dit per expresse ferstooren
I'd like to send this _____ by air mail	Ik wil dit per luchtpost versturen
	Ik vil dit per lukhtposst ferstooren
I'd like to send this _____ by registered mail	Ik wil dit aangetekend versturen
	Ik vil dit aan-khe-tay-kent ferstooren

Telegram/Fax

I'd like to send a _____ telegram to...	Ik wil graag een telegram versturen naar...
	Ik vil khraakh an tay-la-khram ferstooren naar
How much is that _____ per word?	Hoeveel kost het per woord?
	Hoofayl kost het per woard?
This is the text I want_____ to send	Dit is de tekst die ik wil versturen
	Dit is de tekst dee ik vil ferstooren
Shall I fill out the form_____ myself?	Zal ik het formulier zelf invullen?
	Zal ik het form-oo-leer zelf in-fullen?
Do you have a _____ photocopier/fax machine here?	Kan ik hier fotokopiëren/faxen?
	Kan ik heer photokopee-ayren/fax-en?
How much is it_____ per page?	Hoeveel kost het per pagina?
	Hoofayl kost het per pakheena?

9 .2 Telephone

See also 1.8 Telephone alphabet

● **The majority of public pay phones** in The Netherlands are now operated by telephone cards which can be purchased from post offices and certain other outlets. These phones also accept payment by credit card but there is a minimum charge per call. Some pay phones still accept coins but these are being phased out. Instructions for using Dutch telephones are also given in English. Most bars and restaurants have pay phones for the use of customers.

Is there a phone booth ____ around here?	Is hier ergens een telefooncel in de buurt?
	Is heer er-khens an tay-la-foan-sell in de boo-ert?
Could I use your _____ phone, please?	Mag ik van uw telefoon gebruik maken?
	Makh ik fan oow tay-la-foan khebrowk maken?
Do you have a _____ phone directory for...(town)/...(district)?	Heeft u een telefoongids van de stad.../de streek...?
	Hayft-oo an tay-la-foan-khids fan de stat.../de strayk...?
Where can I get a _____ phone card?	Waar kan ik een telefoonkaart kopen?
	Vaar kan ik an tay-la-foan-kaart kopen?
Could you give me the...? __	Kunt u me helpen aan het...?
	Kunt-oo ma helpen aan het...?

Could you give me the ____ number for international directory assistance?	Kunt u me helpen aan het nummer van informatie buitenland?
	Kunt-oo ma helpa aan het nummer fan informat-see bowtenlant?
Could you give me the ____ number of room...?	Kunt u me helpen aan het nummer van kamer...?
	Kunt-oo ma helpen aan het nummer fan kaam-er...?
Could you give me the ____ international access code?	Kunt u me helpen aan het internationale nummer?
	Kun-oo ma helpen aan het inter-nashon-ala nummer?
Could you give me the ____ country code for...?	Kunt u me helpen aan het landnummer van...?
	Kunt-oo ma helpen aan het lant-nummer fan...?
Could you give me the ____ area code for...?	Kunt u me helpen aan het kengetal van...?
	Kunt-oo ma helpen aan het ken-khe-tal fan...?
Could you give me the ____ number of...?	Kunt u me helpen aan het abonneenummer van...?
	Kunt-oo ma helpen aan het abon-ay-nummer fan...?
Could you check if this ____ number's correct?	Kunt u nagaan of dit nummer correct is?
	Kunt-oo na-khaan of dit nummer korrekt is?
Can I dial international____ direct?	Kan ik automatisch bellen naar het buitenland?
	Kan ik owtoa-ma-tees bellen naar het bowtenlant?
Do I have to go through ___ the switchboard?	Moet ik via de telefoniste bellen?
	Moot ik vee-a de tay-la-foan-iste bellen?
Do I have to dial '0' _____ first?	Moet ik eerst een nul draaien?
	Moot ik ayr-st an nul draa-yen?
Do I have to reserve _____ my calls?	Moet ik een gesprek aanvragen?
	Moot ik an khesprek aanfraakhen?
Could you dial this _____ number for me?	Wilt u het volgende nummer voor me bellen?
	Vilt-oo het folkhenda nummer for ma bellen?
Could you put me _____ through to.../extension..., please?	Kunt u me doorverbinden met.../toestel...?
	Kunt-oo ma doorferbinden met.../too-stel...?
I'd like to place a _____ collect call to...	Ik wil graag een collect call met...
	Ik vil khraakh an collect call met...
What's the charge per ____ minute?	Wat kost het per minuut?
	Vat kost het pair min-oot?
Have there been any _____ calls for me?	Heeft er iemand voor mij gebeld?
	Hayft air eemant for ma khebelt?

The conversation

Hello, this is... _____	Hallo, u spreekt met...
	Hallo, oo spraykt met...
Who is this, please? _____	Met wie spreek ik?
	Met vee sprayk ik?
Is this...? _____	Spreek ik met...?
	Sprayk ik met...?

Mail and telephone

9

I'm sorry, I've dialed _____ the wrong number	Sorry, ik heb het verkeerde nummer gedraaid
	So-ree, ik hep het ferkayrde nummer khedraayt
I can't hear you _____	Ik kan u niet verstaan
	Ik kan oo neet ferstaan
I'd like to speak to... _____	Ik wil graag spreken met...
	Ik vil khraakh sprayken met...
Is there anybody _____ who speaks English?	Is er iemand die Engels spreekt?
	Is er eemant dee Eng-els spraykt?
Extension..., please _____	Mag ik toestel...van u?
	Makh ik toestel...fan-oo?
Could you ask him/her _____ to call me back?	Wilt u vragen of hij/zij me terugbelt?
	Vilt-oo frakhen of haye/zaye ma terukh-belt?
My name's... _____ My number's...	Mijn naam is...Mijn nummer is...
	Mayen naam is...Mayen nummer is...
Could you tell him/her _____ I called?	Wilt u zeggen dat ik gebeld heb?
	Vilt-oo zekh-khen dat ik khebelt hep?
I'll call him/her back _____ tomorrow	Ik bel hem/haar morgen terug
	Ik bel hem/haar morkha terukh

Er is telefoon voor u _____	There's a phone call for you
U moet eerst een nul draaien _____	You have to dial '0' first
Heeft u een momentje? _____	One moment, please
Ik krijg geen gehoor _____	There's no answer
Het toestel is bezet _____	The line's busy
Wilt u wachten? _____	Do you want to hold?
Ik verbind u door _____	Connecting you
U heeft een verkeerd nummer _____	You've got a wrong number
Hij/zij is op het ogenblik niet aanwezig __	He's/she's not here right now
Hij/zij is...weer te bereiken _____	He'll/she'll be back...
Dit is het automatisch _____ antwoordapparaat van...	This is the answering machine of...

Shopping

10.1 Shopping conversations 83

10.2 Food 84

10.3 Clothing and shoes 85

10.4 Photographs and video 86

10.5 At the hairdresser's 87

10

Shopping

● **Shops are generally open** from 9am–6pm (9.00–18.00)
Monday–Saturday, but in many areas shops do not open on Monday
morning until lunch-time and most towns and larger communities have
a late shopping evening (*koopavond*) which is usually either Thursday
or Friday night. Some large supermarkets remain open in the evening.

Shopping

10

antiek	ijssalon	rookartikelen
antiques	ice cream parlor	tobacco shop
apotheek	ijzerwaren	schoenenwinkel
pharmacy	hardware store	shoe shop
bakkerij	juwelier	schoonheidssalon
bakery	jeweler	beauty parlor
banketbakkerij	kapsalon	slagerij
cake shop	hairdresser	butcher
belastingvrije winkel	kiosk	slijterij
tax-free shop	newsstand	liquor store
bloemist	koopjeskelder	speelgoedzaak
florist	bargain basement	toy shop
boekhandel	kranten/tijdschriften	sportzaak
book shop	newsagent	sports shop
café	kruidenier	stomerij
bar, café	grocery store	dry cleaner
drogist	markt	supermarkt
drugstore	market	supermarket
fietsenhandelaar	melkproducten	tweedehands
bicycle dealer	dairy products	artikelen
fietsenmaker	meubelzaak	secondhand goods
bicycle repairer	furniture store	vishandel
fijne eetwaren/	opticien	fishmonger
delicatessen	optician	warenhuis
deli-bar/delicatessen	parfumerie	department store
fotohandel	perfumery	wasserette
camera shop	platenzaak	launderette
groente en fruit	record shop	winkelcentrum
greengrocer	postkantoor	shopping center
huishoudelijke	post office	winkelgalerij
artikelen	reformwinkel	shopping arcade
household goods	health food shop	winkelpromenade
huishoudelijke	reisbureau	shopping mall
apparaten	travel agent	zelfbediening
electrical appliances	rijwielhandel	self-service
hypotheekbank	bicycle dealer	
mortgage bank		

.1 Shopping conversations

Where can I get...? _____	In welke winkel kan ik...krijgen?
	In vel-ka vinkel kan ik...krayekhen?
When does this shop _____ open?	Wanneer is deze winkel open?
	Vaneer is day-ze vinkel oapa?
Could you tell me _____ where the...department is?	Kunt u me de...afdeling wijzen?
	Kunt-oo ma de...af-dayling wayezen?
Could you help me, _____ please? I'm looking for...	Kunt u me helpen? Ik zoek...
	Kunt-oo ma helpen? Ik zook...
Do you sell American _____ newspapers?	Verkoopt u Engelse kranten?
	Ferkoapt-oo Eng-elsa kranten?

Kan ik u helpen?_____	**Can I help you?**

Yes, I'd like..._____	Ja. Ik had graag...
	Ya. Ik hat khraakh...
I'm just looking, _____ if that's all right	Ik kijk wat rond, als dat mag
	Ik kayek vat ront, als dat makh

Anders nog iets? _____	**Anything else?**

Yes, I'd also like... _____	Ja, geeft u me ook nog...
	Ya, khayft-oo ma oak nokh...
No, thank you. That's all ___	Nee, dank u. Dat was het
	Nay, dank-oo. Dat vas-et
Could you show me...? ____	Kunt u me...laten zien?
	Kunt-oo ma...laten zeen?
I'd prefer... _____	Ik wil liever...
	Ik vil leefer...
This is not what I'm _____ looking for	Dit is niet wat ik zoek
	Dit is neet vat ik zook
Thank you. I'll keep_____ looking	Dank u. Ik kijk nog even ergens anders
	Dank-oo. Ik kayek nokh ayfa er-khens and-ers
Do you have _____ something...?	Heeft u niet iets dat...is?
	Hayft-oo neet eets dat...is?
– less expensive?_____	Heeft u niet iets dat goedkoper is?
	Hayft-oo neet eets dat khoodkoaper is?
– smaller? _____	Heeft u niet iets dat kleiner is?
	Hayft-oo neet eets dat klayener is?
– larger? _____	Heeft u niet iets dat groter is?
	Hayft-oo neet eets dat khroater is?
I'll take this one _____	Deze neem ik
	Day-ze naym ik
Does it come with _____ instructions?	Zit er een gebruiksaanwijzing bij?
	Zit-air an khebrowks-anwayezing baye?
It's too expensive _____	Ik vind het te duur
	Ik vind het te doo-er

Shopping

10

I'll give you... _____	**Ik bied u...**
	Ik beet-oo
Could you keep this for ____ me? I'll come back for it later	**Wilt u die voor mij bewaren? Ik kom het straks ophalen**
	Vilt-oo dee for maye be-varen? Ik kom het straks ophalen
Have you got a bag _____ for me, please?	**Heeft u een tasje voor me?**
	Hayft-oo an tas-ye for ma?
Could you giftwrap_____ it, please?	**Kunt u het inpakken in cadeaupapier?**
	Kunt-oo het inpakken in kadoa-papeer?

Het spijt me, dat hebben we niet _____	I'm sorry, we don't have that
Het spijt me, dat is uitverkocht _____	I'm sorry, we're sold out
Het spijt me, dat komt pas...weer _____ **binnen** .	I'm sorry, that won't come in before...
U kunt aan de kassa afrekenen _____	You can pay at the cash desk
We nemen geen creditcards aan_____	We don't accept credit cards
We nemen geen reischeques aan_____	We don't accept traveler's checks
We nemen geen vreemde valuta _____	We don't accept foreign currency

.2 Food

I'd like a hundred_____ grams of..., please	**Ik wil graag een ons...**
	Ik vil khraakh ayn ons...
I'd like five hundred _____ grams of..., please	**Ik wil graag een pond...**
	Ik vil khraakh ayn pont...
I'd like a kilo of..., please ___	**Ik wil graag een kilo...**
	Ik vil khraakh ayn keelo...
Could you...it for me, _____ please?	**Wilt u het voor me...?**
	Vilt u het voor ma...?
Could you slice it/ _____ chop it for me, please?	**Vilt u het voor me in plakjes/stukjes snijden?**
	Vilt-oo het for ma in plak-yas/stuk-yas snayeda
Could you grate it _____ for me, please?	**Wilt u het voor me raspen?**
	Vilt u het for ma raspen?
Can I order it?_____	**Kan ik het bestellen?**
	Kan ik het be-stellen?
I'll pick it up tomorrow/ ____ at...	**Ik kom het morgen/om...uur ophalen**
	Ik kom het morkha/om...oor ophalen
Can you eat/drink this? ____	**Is dit om te eten/drinken?**
	Is dit om te ayten/drinken?
What's in it? _____	**Wat zit er in?**
	Vat zit-er in?

I saw something in the ____ window. Shall I point it out?
Ik heb in de etalage iets gezien. Zal ik het aanwijzen?
Ik hep in de aytal-azya eets khezeen. Zal ik het anwayezen?

I'd like something to_____ go with this
Ik wil graag iets dat hierbij past
Ik vil khraakh eets dat heer-baye passt

Do you have shoes _____ in this colour?
Heeft u schoenen in dezelfde kleur als dit?
Hayft-oo skhoonen in de-zelf-de kl-eu-r als dit?

I'm a size...in the US_____
Ik heb maat...in het Verenigd Koninkrijk/Ierland
Ik hep maat...in het Feraynigd Koaningk-rayek/Eerlant

Can I try this on? _____
Mag ik dit passen?
Makh ik dit passen?

Where's the fitting_____ room?
Waar is de paskamer?
Vaar is de pass-kamer?

It doesn't fit_____
Het past me niet
Het passt ma neet

This is the right size _____
Dit is de goede maat
Dit is de khooda maat

It doesn't look good on ___ me
Het staat me niet mooi
Het staat ma neet moay

Do you have this/ _____ these in...?
Heeft u ook deze in het...
Hayft-oo oak day-ze in het...

The heel's too high/low ____
Ik vind de hak te hoog/laag
Ik fint de hak te hoakh/laakh

Is this/are these _____ genuine leather?
Is/zijn dit/deze echt leer?
Is/zayen dit/day-ze ekht layr?

I'm looking for a..._____ for a...-year-old baby/child
Ik zoek een...voor een baby/ kind van...jaar
Ik zook an...for an beby/ kint fan...yaar

I'd like a... _____
Ik had graag een...van...
Ik hat khraakh an...fan...

I'd like a silk... _____
Ik had graag een...van zijde
Ik hat khraakh an...fan zayede

I'd like a cotton..._____
Ik had graag een...van katoen
Ik hat khraakh an...fan katoon

I'd like a woolen..._____
Ik had graag een...van wol
Ik hat khraakh an...fan wol

I'd like a linen... _____
Ik had graag een...van linnen
Ik hat khraakh an...fan linnen

What temperature_____ can I wash it at?
Op welke temperatuur kan ik het wassen?
Op vel-ke temp-er-at-toor kan ik het wassen?

Will it shrink in the _____ wash?
Krimpt het in de was?
Krimpt het in de was?

Shopping

🔟

Chemisch reinigen	Machinewas	Niet centrifugeren
Dry clean	Machine wash	Do not spin dry
Handwas	Nat ophangen	Niet strijken
Hand wash	Drip dry	Do not iron

At the cobbler

Could you mend _____ these shoes?	Kunt u deze schoenen repareren? *Kunt-oo day-ze skhoonen repar-ayren?*
Could you put new _____ soles/heels on these?	Kunt u hier nieuwe zolen/hakken onder zetten? *Kunt-oo heer ni-oo-wa zoalen/hakken onder zetten?*
When will they be _____ ready?	Wanneer zijn ze klaar? *Vaneer zayen ze klaar?*
I'd like..., please _____	Ik wil graag... *Ik vil khraakh...*
I'd like some shoe polish, __ please	Ik wil graag een doosje schoensmeer *Ik vil khraakh an doas-ye skhoon-smeer*
I'd like a pair of shoelaces, _ please	Ik wil graag een paar veters *Ik vil khraakh an paar fayters*

🔟 .4 Photographs and video

I'd like a film for this_____ camera, please	Ik wil graag een filmrolletje voor dit toestel *Ik vil khraakh an fil-em rol-at-ye for dit too-stel*
I'd like a cartridge for this __ camera, please	Ik wil graag een cassette voor dit toestel *Ik vil khraakh an cas-et-ta for dit too-stel*
I'd like a one twenty-six____ cartridge for this camera, please	Il wil graag een honderd-zes-en-twintig cassette voor dit toestel *Ik vil khraakh an honderd-sess-en-twintikh cas-et-ta for dit toostel*
I'd like a slide film for this _ camera, please	Ik wil graag een diafilm voor dit toestel *Ik vil khraakh an dee-a-fil-em for dit toostel*
I'd like a movie film _____ cartridge for this camera, please	Ik wil graag een filmcassette voor dit toestel *Ik vil khraakh an fil-em-cas-et-ta for dit toestel*
I'd like a videotape for _____ this camera please	Ik wil graag een videoband voor dit toestel *Ik vil khraakh an fid-ee-oh bant for dit toostel*
color/black and white_____	kleur/zwart-wit *kleur/zvart-wit*
super eight _____	super acht millimeter *soop-er akht milli-mayter*
12/24/36 exposures _____	twaalf/vier-en-twintig/zes-en-dertig opnamen *twal-ef/feer-en-twintikh/zess-en-dertikh opnamen*
a roll of ...ASA _____	een rolletje van ASA... *an rol-et-ye fan aasa...*
a daylight film _____	een daglicht film *an dakhlikht fil-em*
a tungsten film_____	een kunstlicht film *an kunstlikht fil-em*

Problems

Could you load the _____ film for me, please?	Wilt u de film in het toestel doen?
	Vilt-oo de fil-em in het too-stel doon?
Could you take the film ____ out for me, please?	Wilt u de film uit de camera halen?
	Vilt-oo de fil-em owt de kamera haalen?
Should I replace_____ the batteries?	Moet ik de batterijen vervangen?
	Moot ik de bat-er-aye-en ferfangen?
Could you have a look ____ at my camera, please? It's not working	Wilt u naar mijn camera kijken? Hij doet het niet meer
	Vilt-oo naar mayen kamera kayekhen? Haye doot het neet mayr
The...is broken _____	De...is kapot
	De...is kapot
The film's jammed _____	De film zit vast
	De fil-em zit fast
The film's broken_____	De film is gebroken
	De fil-em is khebroaken
The flash isn't working ____	De flitser doet het niet meer
	De flitser doot het neet mayr

Processing and prints

I'd like to have this film ____ developed/printed, please	Ik wil deze film laten ontwikkelen/afdrukken
	Ik vil dayze fil-em laten ontvikkelen/afdrukken
I'd like...prints from_____ each negative	Ik wil graag...afdrukken van elk negatief
	Ik vil khraakh...afdrukken fan el-ek nay-khat-eef
6 x 9 (six by nine) _____	zes bij negen
	zess baye naykha
I'd like to reorder_____ these photos	Ik wil deze foto's laten bijbestellen
	Ik vil dayze fotos laten baye-bestellen
How much is _____ development?	Hoeveel kost het ontwikkelen?
	Hoo-fayl kost het ont-vikel-en?
How much is printing?_____	Hoeveel kost het afdrukken?
	Hoo-fayl kost het af-drukken?
How much to reorder?_____	Hoeveel kost de bijbestelling?
	Hoo-fayl kost de baye-be-stelling
How much is the _____ enlargement?	Hoeveel is de vergroting?
	Hoo-fayl is de fer-khroating?
When will they_____ be ready?	Wanneer zijn ze klaar?
	Wanneer zayen ze klaar?

Shopping

10

10 .5 At the hairdresser's

Do I have to make an _____ appointment?	Moet ik een afspraak maken?
	Moot ik an afspraak maaken?
Can I come in right _____ now?	Kunt u me direct helpen?
	Kunt-oo ma deerekt helpen?
How long will I have_____ to wait?	Hoe lang moet ik wachten?
	Hoo lang moot ik vakhten?
I'd like a shampoo/ _____ haircut	Ik wil mijn haar laten wassen/knippen
	Ik vil mayen haar laten was-sen/ke-nippen

a shampoo for _____ oily/dry hair, please	Ik wil graag een shampoo tegen vet/droog haar
	Ik vil khraakh an sham-poa taykhen fet/droakh haar
I'd like an anti-dandruff ____ shampoo	Ik wil graag een shampoo tegen roos
	Ik wil khraakh an sham-poa taykhen roase
I'd like a shampoo for _____ permed/colored hair	Ik wil graag een shampoo voor permanent/geverfd haar
	Ik vil khraakh an sham-poa for per-man-ent/kheferft haar
I'd like a color rinse _____ shampoo	Ik wil graag een kleurshampoo
	Ik vil khraakh an kleur-sham-poa
I'd like a shampoo with ____ conditioner, please	Ik wil graag een shampoo met conditioner
	Ik vil khraakh an sham-poa met conditioner
I'd like highlights _____	Ik wil graag coupe soleil
	Ik vil khraakh coop soll-ay
I'd like to see a color _____ chart, please	Heeft u een kleurenkaart alstublieft?
	Hayft-oo an kleuren-kaart als-too-bleeft?
I want to keep it the same _ color	Ik wil dezelfde kleur houden
	Ik vil de-zelf-de kleur howden
I'd like it darker/lighter _____	Ik wil het donkerder/lichter
	Ik vil het donkerd-er/likht-er
I'd like/I don't want _____ hairspray	Ik wil/wil geen versteviger in mijn haar
	Ik vil/vil khayn ferstayvikher in mayen haar
I'd like/I don't want gel_____	Ik wil/wil geen gel
	Ik vil/vil khayn zyell
I'd like/I don't want lotion __	Ik wil/wil geen lotion
	Ik vil/vil khayn loa-shon
I'd like short bangs _____	Ik wil mijn pony kort
	Ik vil mayen poan-ee kort
Not too short at _____ the back	Ik wil het achteren niet te kort
	Ik vil het akhtera neet te kort
Not too long here _____	Ik wil het hier niet te lang
	Ik vil het heer neet te lang
I want curls _____	Ik wil krullen
	Ik vil krulla
I don't want too many _____ curls	Ik wil niet te veel krullen
	Ik vil neet te fayl krulla
It needs a little/_____ a lot taken off	Er moet een klein stukje/flink stuk af
	Air moot an klayen stuk-ya/flink stuk af
I want a completely _____ different style	Ik wil een heel ander model
	Ik vil an hayl ander moa-del
I'd like it the same as... ____	Ik wil mijn haar zoals...
	Ik vil mayen haar zo-als...
I'd like it the same as _____ that lady's	Ik wil mijn haar zoals die mevrouw
	Ik vil mayen haar zo-als dee ma-frow
I'd like it the same as in____ this photo	Ik wil mijn haar zoals op deze foto
	Ik vil mayen haar zoals op day-ze foto
Could you put the _____ drier up/down a bit?	Kunt u de kap hoger/lager zetten?
	Kunt-oo de kap hoakher/laakher zetten?
I'd like a facial _____	Ik wil graag een gezichtsmasker
	Ik vil khraakh an khezikhts-masker
I'd like a manicure_____	Ik wil graag een manicure
	Ik vil khraakh an manikoor
I'd like a massage _____	Ik wil graag een massage
	Ik vil khraakh an mas-saa-zya

Could you trim my...? _____	Wilt u mijn...bijknippen?
	Vilt-oo mayen...baye-ke-nippa?
– bangs? _____	Wilt u mijn pony bijknippen?
	Vilt-oo mayen pony baye-ke-nippa?
– beard? _____	Wilt u mijn baard bijknippen?
	Vilt-oo mayen baart baye-ke-nippa?
– moustache? _____	Wilt u mijn snor bijknippen?
	Vilt-oo mayen snor baye-ke-nippa?
I'd like a shave, please _____	Scheren alstublieft
	Skhayren als-too-bleeft
I'd like a wet shave, _____ please	Ik wil met een mesje geschoren worden
	Ik vil met an mes-ye kheskhoren worden

Hoe wilt u uw haar geknipt? _____	How would you like your hair cut?
Welk model heeft u op het oog? _____	What style did you have in mind?
Welke kleur moet het worden? _____	What color did you want it?
Is dit de goede temperatuur? _____	Is the temperature all right for you?
Wilt u iets te lezen hebben? _____	Would you like something to read?
Wilt u iets drinken? _____	Would you like a drink?
Is het naar uw zin? _____	Is this what you had in mind?

Shopping

10

At the Tourist Information Center

11.1 Places of interest   91

11.2 Going out   93

11.3 Reserving tickets   94

At the Tourist Information Center

11 **.1 P**laces of interest

Where's the Tourist Information, please?	Waar is het VVV-kantoor?
	Vaar is het Vay-vay-vay-kantoar?
Do you have a town map?	Heeft u een plattegrond van de stad?
	Hayft-oo an plattekhrond fan de stat?
Could you give me some information about...	Kunt u mij informatie geven over...?
	Kunt-oo maye inform-at-see khayfen oafer...?
How much do we owe you for this?	Hoeveel moeten we u hiervoor betalen?
	Hoo-fayl mooten wa oo heerfor betaalen
What are the main places of interest?	Wat zijn de belangrijkste bezienswaardigheden?
	Vat zayen de belangrayekste bezeensvaardikh-hayda?
Could you point them out on the map?	Kunt u die aanwijzen op de kaart?
	Kunt-oo die aan-vaye-zen op de kaart?
What do you recommend?	Wat raadt u ons aan?
	Vat raat-oo ons aan?
We'll be here for a few hours	We blijven hier een paar uur
	We blayefen heer an paar oor
We'll be here for a day	We blijven hier een dag
	We blayefen heer an dakh
We'll be here for a week	We blijven hier een week
	We blayefen heer an wayk
We're interested in...	We zijn geïnteresseerd in...
	We zayen khe-interes-ayrt in...
Is there a scenic walk around the town?	Kunnen we een stadswandeling maken?
	Kunnen wa an stats-vandeling maaken?
How long does it take?	Hoe lang duurt het?
	Hoo lang doort het?
Where does it start/end?	Waar is het startpunt/eindpunt?
	Vaar is het startpunt/ayendpunt?
Are there any boat cruises here?	Zijn er hier rondvaartboten?
	Zayen-er heer rontfaartboaten?
Where can we board?	Waar kunnen we aan boord gaan?
	Vaar kunnen wa an boart khaan?
Are there any bus tours?	Zijn er rondritten per bus?
	Zayen-er rontritten pair bus?
Where do we get on?	Waar moeten we opstappen?
	Vaar mooten wa opstappen?

What trips can we take ____ around the area?	Welke uitstapjes kan men in de omgeving maken?
	Welk-a owtstap-yas kan men in de omkhayfing maken?
Are there any _____ excursions?	Zijn er excursies?
	Zayen er eks-kursees?
Where do they go to? ____	Waar gaan die naar toe?
	Vaar khaan dee naar-too?
We'd like to go to..._____	We willen naar...
	Wa willen naar...
How long is the trip? _____	Hoe lang duurt die tocht?
	Hoo lang doort dee tocht?
How long do we _____ stay in...?	How lang blijven we in...?
	Hoe lang blayfen wa in...
Are there any guided _____ tours?	Zijn er rondleidingen?
	Zayen er rontlayedingen?
How much free time_____ will we have there?	Hoeveel tijd hebben we daar voor onszelf?
	Hoofayl tayet hebben wa daar for ons-zel-ef?
We want to go hiking_____	We willen een trektocht maken
	We willen an trektokht maken
Can we hire a guide? _____	Kunnen we een gids huren?
	Kunnen wa an khids hooren?
What time does... _____ open/close?	Hoe laat gaat...open/dicht?
	Hoo laat khaat...open/dicht?
What days is...open/_____ closed?	Op welke dagen is...geopend/gesloten?
	Op wel-ka dakhen is...khe-oapend/ khesloata?
What's the admission_____ price?	Hoeveel is de toegangsprijs
	Hoo-fayl is de too-khangs-prayes?
Is there a group _____ discount?	Is er reductie voor groepen?
	Is-er redukt-see for khroopen?
Is there a child _____ discount?	Is er reductie voor kinderen?
	Is-er redukt-see for kind-er-en?
Is there a discount_____ for seniors?	Is-er reductie voor vijf-en-zestig plussers?
	Is-er redukt-see for fayef-en-zesstikh plus-ers?
Can I take (flash) _____ photos here?	Mag ik hier fotograferen (met flits)?
	Makh ik heer fotograf-ayren (met flitse)?
Can I film here? _____	Mag ik hier filmen?
	Makh ik heer filmen?
Do you have any _____ postcards with...on them?	Verkoopt u ansichtskaarten met...erop?
	Ferkoapt-oo ansikhts-kaarten met...er-op?
Do you have a...in _____ English?	Heeft u een...in het Engels?
	Hayft-oo an...in het Eng-els?
Do you have an English ___ catalogue?	Heeft u een catalogus in het Engels?
	Hayft-oo an katal-oh-khus in het Eng-els?
Do you have an English ___ program?	Heeft u een programma in het Engels?
	Hayft-oo an proakhramma in het Eng-els?
Do you have a brochure ___ in English?	Heeft u een brochure in het Engels?
	Hayft-oo an brosh-oora in het Engels?

Films are shown in their original language with Dutch sub-titles so that there is usually a wide choice of American and British films with the original sound tracks. Most of the larger towns have a broad range of cultural activities including the performing arts. Many 'night clubs' are in fact brothels. There are dance venues or discos mainly catering for the younger generation. Besides the performing arts, much night life is centered around the cafés and bars.

Do you have this _____ week's/month's entertainment guide?	Heeft u de uitgaanskrant van deze week/maand? *Hayft-oo de owtkhaanskrant fan day-ze wayk/maand?*
What's on tonight? _____	Wat is er vanavond te doen? *Vat is-er fan-afont te doon?*
We want to go to... _____	We willen naar... *We villen naar...*
Which films are _____ showing?	Welke films draaien er? *Wel-ka fil-ems draay-en air?*
What sort of film is that?___	Wat voor een film is dat? *Vat for an fil-em is dat?*
suitable for all ages _____	alle leeftijden *alla layf-taye-den*
older than 12/16_____	ouder dan twaalf/zestien *owder dan twal-ef/zess-teen*
original version _____	originele versie *oree-zyeenay-le fersee*
subtitled _____	met ondertitels *met onderteetels*
dubbed _____	nagesynchroniseerd *na-khe-synkhroh-nisayrt*
Is it a continuous _____ showing?	Is het een doorlopende voorstelling? *Is het an doorloapenda foarstelling?*
What's on at...? _____	Wat is er te doen in...? *Vat is er te doon in...?*
– the theater? _____	Wat is er te doen in het theater? *Vat is er te doon in het tay-a-ter*
– the concert hall? _____	Wat is er te doen in het concertgebouw? *Vat is er te doon in het konsairt-khebow?*
– the opera? _____	Wat is er te doen in de opera? *Vat is er te doon in de op-ay-ra?*
Where can I find a good ___ disco around here?	Waar is hier een goede disco? *Vaar is heer an khooda disco?*
Is it for members only? ____	Is lidmaatschap vereist? *Is lidmaatskhap ferayest?*
Where can I find a good ___ nightclub around here?	Waar is hier een goede nachtclub? *Vaar is heer an khooda nakht-club?*
Is it evening dress only? ___	Is avondkleding verplicht? *Is afont-klayding ferplikht?*
Should I/we dress up? _____	Is avondkleding gewenst? *Is afond-klayding khe-wenst?*
What time does the _____ show start?	Hoe laat begint de show? *Hoo laat bekhint de show?*

When's the next soccer ____ match?	Wanneer is de eerstvolgende voetbalwedstrijd?	

Vaneer is de eerst-folkhenda footbal-vedstrayed?

Who's playing?_____ Wie spelen er tegen elkaar?
Vee spaylen-air taykhen el-kaar?

I'd like an escort for _____ Ik wil voor vanavond een escort-guide.
tonight. Could you Kunt u dat voor me regelen?
arrange that? *Ik vil foar fan-afont an escortgaid. Kunt-oo dat for ma raykhela?*

11 .3 Reserving tickets

Could you reserve some ___ Kunt u voor ons reserveren?
tickets for us? *Kunt-oo for ons rayserv-ayren?*

We'd like to reserve..._____ We willen...plaatsen/een tafeltje
seats/a table... reserveren
We vil-en...plaatsen/an taafelt-ya rayservayren

We'd like to We willen...plaatsen/een tafeltje in de zaal
reserve...seats/a __ table in *We vil-en...plaatsen/an taafelt-ye in de zaal*
the orchestra

We'd like to reserve...box _ We willen...plaatsen in de loge
seats *Wa vil-en...plaatsen in de lozya*

We'd like to reserve...seats_ We willen...plaatsen voorin
at the front *Wa vil-en...plaatsen foarin*

We'd like to We willen...plaatsen/een tafeltje op het
reserve...seats/a ____ table balkon
in the circle *We vil-en...plaatsen/an tafelt-ye op het bal-kon*

We'd like to We willen...plaatsen/een tafeltje in het
reserve...seats/a __ table in midden
the middle *We vil-en...plaatsen/an taafelt-ye in het midden*

We'd like to reserve...seats/a We willen...plaatsen/een tafeltje achteraan
table at the back *We vil-en...plaatsen/an taafelt-ye akhteraan*

Could I book...seats _____ Kan ik...plaatsen voor de voorstelling
for the...o'clock van...uur reserveren?
performance? *Kan ik...plaatsen for de foarstelling fan...oor reserv-ayren?*

Are there any seats left ____ Zijn er nog kaartjes voor vanavond?
for tonight? *Zayen-er nokh kaart-yas for fan-afont?*

How much is a ticket? _____ Hoeveel kost een kaartje?
Hoo-fayl kost an kaart-ya?

When can I pick the _____ Wanneer kan ik de kaartjes ophalen?
tickets up? *Vaneer kan ik de kaart-yas op-haalen?*

I've got a reservation _____ Ik heb gereserveerd
Ik hep khereserv-ayrt

My name's... _____ Mijn naam is...
Mayen naam is...

Voor welke voorstelling wilt u _____ reserveren?	Which performance do you want to reserve for?
Waar wilt u zitten? _____	Where would you like to sit?
Alles is uitverkocht _____	Everything's sold out
Er zijn alleen nog staanplaatsen _____	It's standing room only
Er zijn alleen nog plaatsen op het _____ balkon	We've only got balcony seats left
Er zijn alleen nog plaatsen op het_____ schellinkje	We've only got top balcony seats left
Er zijn alleen nog plaatsen in de zaal____	We've only got orchestra seats left
Er zijn alleen nog plaatsen vooraan _____	We've only got seats left at the front
Er zijn alleen nog plaatsen achteraan ___	We've only got seats left at the back
Hoeveel plaatsen wilt u? _____	How many seats would you like?
U moet de kaartjes vóór...uur ophalen __	You'll have to pick up the tickets before...o'clock
Mag ik uw plaatsbewijzen zien? _____	Tickets, please
Dit is uw plaats_____	This is your seat

At the Tourist Information Center

11

Sports

12.1 Sporting questions   97

12.2 By the waterfront   97

12.3 In the snow   98

Sports

12 .1 **S**porting questions

Where can we... _____ around here?	Waar kunnen we hier...?
	Vaar kunnen wa heer...?
Is there a... _____ around here?	Is er hier een...in de buurt?
	Is air heer an...in de boo-ert?
Can I hire a...here? _____	Kan ik hier een...huren?
	Kan ik heer an...hooren?
Can I take...lessons? _____	Kan ik les nemen in...?
	Kan ik les naymen in...?
How much is that per_____ hour/per day/a turn?	Hoeveel kost dat per uur/dag/keer?
	Hoo-fayl kost day per oor/dakh/kayr?
Do I need a permit _____ for that?	Heb ik daarvoor een vergunning nodig?
	Hep ik daarfoar an ferkhunning noadikh?
Where can I get _____ the permit?	Waar kan ik die vergunning krijgen?
	Vaar kan ik dee ferkhunning kraye-khen?

12 .2 **B**y the waterfront

Is it a long way to _____ the sea still?	Is het nog ver naar zee?
	Is het nokh fer naar zay?
Is there a...around here? ___	Is er hier ook een...in de buurt?
	Is er heer oak an...in de boo-ert?
Is there a swimming pool __ around here?	Is er hier ook een zwembad in de buurt?
	Is er heer oak an zwem-bat in de boo-ert?
Is there a sandy beach_____ around here?	Is er hier ook een zandstrand in de buurt?
	Is er heer oak an zantstrant in de boo-ert?
Is there a nudist beach ____ around here?	Is er hier ook een naaktstrand in de buurt?
	Is er heer oak an naaktstrant in de boo-ert?
Is there a dock around_____ here?	Is er hier ook een aanlegplaats voor boten in de buurt?
	Is er heer oak an aanlekhplaats for boaten in de boo-ert?
Are there any rocks_____ here?	Zijn er hier ook rotsen?
	Zayen-er heer oak rotsen?
When's high/low tide? _____	Wanneer is het vloed/eb?
	Vaneer is het flood/ep?
What's the water _____ temperature?	Wat is de temperatuur van het water?
	Vat is de temper-a-toor fan het vaater?
Is it (very) deep here? _____	Is het hier (erg) diep?
	Is het heer (air-ekh) deep?
Can you reach the bottom _ here?	Kan je hier staan?
	Kan ya heer staan?
Is it safe for children to ____ swim here?	Is het hier veilig zwemmen voor kinderen?
	Is het heer faylikh zwemma for kind-er-a?
Are there any currents?____	Zijn er stromingen?
	Zayen-er stroaminga
Are there any rapids/ _____ waterfalls in this river?	Heeft deze rivier stroomversnellingen / watervallen?
	Hayft day-ze riv-eer stroam-fersnellingen/vaater-fallen?
What does that flag/_____ buoy mean?	Wat betekent die vlag/boei daar?
	Vat betekent dee flakh/boo-ee daar?

Is there a life guard_____ on duty here?	Is er hier een badmeester die een oogje in het zeil houdt?
	Is-er heer an bat-mayster dee an oakh-ya in het zayel howt?
Are dogs allowed here?____	Mogen hier honden komen?
	Moakhen heer honden koamen?
Is camping on the _____ beach allowed?	Mag je hier kamperen op het strand?
	Makh ya heer kampayren op het strant?
Are we allowed to_____ build a fire here?	Mag je hier een vuurtje stoken?
	Makh ya heer an fuurt-ya stoaken?

Alleen met vergunning	Verboden te surfen	Verboden te zwemmen
Permits only	No surfing	No swimming
Gevaar	Verboden te vissen	Viswater
Danger	No fishing	Fishing water

 .3 In the snow

Is there an ice rink around _ here?	Is er een kunstijsbaan in de buurt?
	Is-air an kunst-ayesbaan in de boo-ert?
Can I rent a pair of skates__ here?	Kan ik hier een paar schaatsen huren?
	Kan ik heer an paar skhaatsen hoo-ren?
I'm size...in the US _____	Ik heb maat...in het Verenigd Koninkrijk/Ierland
	Ik hep maat...in het Fer-aynigd Koaningk-rayek/Eerlant
Is there anywhere to skate _ outdoors around here even if it doesn't freeze? / Is there an outdoor ice rink around here?	Kan ik hier ergens buiten schaatsen zelfs als het niet vriest?/ Is er hier een onoverdekte kunstijsbaan?
	Kan ik heer air-khens bow-ten skhaatsen zel-efs als het neet freest? / Is air heer an on-oaferdekta kunstayesbaan?
Where is it safe to skate ___ on natural ice around here?	Waar kan ik hier veilig op natuurijs schaatsen?
	Vaar kan ik heer faylikh op natoor-ayes skhaatsen?
Is the ice thick enough for _ skating?	Is het ijs al dik genoeg om op te schaatsen?
	Is het ayes al dik khenookh om op te skhaatsen?

Sports

12

Sickness

13.1 Call (get) the doctor   100

13.2 Patient's ailments   100

13.3 The consultation   101

13.4 Medication and prescriptions   103

13.5 At the dentist's   104

Sickness

13 .1 Call (get) the doctor

Could you call/get a _____ doctor quickly, please?
Kunt u snel een dokter halen, alstublieft?
Kunt-oo snel an dokter haalen, alstoobleeft?

When does the doctor _____ have office hours?
Wanneer heeft de dokter spreekuur?
Vaneer hayft de dokter sprayk-oor?

When can the doctor _____ come?
Wanneer kan de dokter komen?
Vaneer kan de dokter koamen?

I'd like to make an_____ appointment to see the doctor
Kunt u voor mij een afspraak bij de dokter maken?
Kunt-oo for maye an afspraak baye de dokter maaken?

I've got an appointment ___ to see the doctor at...
Ik heb een afspraak met de dokter om...uur
Ik hep an afspraak met de dokter om...oor

Which doctor/pharmacy ___ has night/weekend duty?
Welke doctor/apotheek heeft nachtdients/weekenddienst?
Velka doctor/ap-oh-tayk hayft nakht-deenst/weekent-deenst?

13 .2 Patient's ailments

I don't feel well _____
Ik voel me niet goed
Ik fool ma neet khood

I'm dizzy_____
Ik ben duizelig
Ik ben dow-ze-likh

I'm ill_____
Ik ben ziek
Ik ben zeek

I feel sick _____
Ik ben misselijk
Ik ben misselik

I've got a cold_____
Ik ben verkouden
Ik ben ferkowda

It hurts here _____
Ik heb hier pijn
Ik hep heer payen

I've been throwing up ___
Ik heb overgegeven
Ik hep oafer-khe-khayfa

I've got... _____
Ik heb last van...
Ik hep last fan...

I'm running a _____ temperature of...degrees (Celsius)
Ik heb...graden koorts
Ik hep...khraaden koarts

I've been stung by_____ a wasp
Ik ben gestoken door een wesp
Ik ben khe-stoaka doar an vesp

I've been stung by an_____ insect
Ik ben gestoken door een insect
Ik ben khe-stoaka doar an in-sekt

I've been bitten by _____ a dog
Ik ben gebeten door een hond
Ik ben khe-bayten doar an hont

I've been stung by_____ a jellyfish
Ik ben gebeten door een kwal
Ik ben khe-bayten doar an kwal

I've been bitten by _____ a snake
Ik ben gebeten door een slang
Ik ben khe-bayten doar an slang

I've been bitten by _____ an animal
Ik ben gebeten door een beest
Ik ben khe-bayten doar an bayst

I've cut myself _____	Ik heb me gesneden
	Ik hep ma khe-snayda
I've burned myself _____	Ik heb me gebrand
	Ik hep ma khe-brant
I've grazed myself_____	Ik heb me geschaafd
	Ik hep ma khe-skhaaft
I've had a fall _____	Ik ben gevallen
	Ik ben khe-falla
I've sprained my ankle_____	Ik heb mijn enkel verzwikt
	Ik hep mayen enkel ferzwikt
I've come for the _____ morning-after pill	Ik kom voor de morning-after pil
	Ik kom for de morning-after pill

.3 The consultation

Wat zijn de klachten?_____	What seems to be the problem?
Hoe lang heeft u deze klachten al? _____	How long have you had these complaints?
Heeft u deze klachten al eerder gehad? __	Have you had this problem before?
Hoeveel graden koorts heeft u? _____	How high is your temperature?
Kleedt u zich uit alstublieft_____	Get undressed, please
Kunt u uw bovenlijf ontbloten? _____	Strip to the waist, please
U kunt zich daar uitkleden _____	You can undress there
Kunt u uw linkerarm/rechterarm _____ ontbloten?	Roll up your left/right sleeve, please
Gaat u hier maar liggen _____	Lie down here, please
Doet dit pijn? _____	Does this hurt?
Adem diep in en uit_____	Breathe deeply
Doe uw mond open_____	Open your mouth

Patient's medical history

I'm a diabetic _____	Ik ben suikerpatiënt
	Ik ben sowker-pa-see-ent
I have a heart condition_____	Ik ben hartpatiënt
	Ik ben hart-pa-see-ent
I'm asthmatic _____	Ik ben astmapatiënt
	Ik ben ast-ma-pa-see-ent
I'm allergic to... _____	Ik ben allergisch voor...
	Ik ben allerkhees for...
I'm...months pregnant _____	Ik ben...maanden zwanger
	Ik ben...maanden zwanger
I'm on a diet _____	Ik ben op dieet
	Ik ben op dee-ayt

Sickness

13

I'm on medication/ _____ the pill	Ik gebruik medicijnen/de pil
	Ik khe-browk may-dee-aye-nen/de pill
I've had a heart attack _____ once before	Ik heb al eerder een hartaanval gehad
	Ik hep al eerder an hart-aanfall khehat
I've had a(n)...operation ___	Ik ben geopereerd aan...
	Ik ben khe-oparayrt aan...
I've been ill recently _____	Ik ben pas ziek geweest
	Ik ben pas zeek khe-vayst
I've got an ulcer_____	Ik heb een maagzweer
	Ik hep an maakh-zwayr
I've got my period_____	Ik ben ongesteld
	Ik ben on-khe-stelt

Bent u ergens allergisch voor?_____	Do you have any allergies?
Gebruikt u medicijnen?_____	Are you on any medication?
Volgt u een dieet?_____	Are you on a diet?
Bent u zwanger? _____	Are you pregnant?
Bent u ingeënt tegen tetanus? _____	Have you had a tetanus injection?

Het is niets ernstigs _____	It's nothing serious
U heeft uw...gebroken_____	Your ...'s broken
U heeft uw...gekneusd_____	You've got a/some bruised...
U heeft uw...gescheurd_____	You've got (a) torn...
U heeft een ontsteking _____	You've got an infection
U heeft een blindedarmontsteking _____	You've got appendicitis
U heeft bronchitis_____	You've got bronchitis
U heeft een geslachtsziekte_____	You've got a venereal disease
U heeft griep _____	You have the 'flu
U heeft een hartaanval gehad_____	You've had a heart attack
U heeft een infectie (virus/bacterie) ____	You've got an infection (viral-/bacterial-)
U heeft een longontsteking _____	You've got pneumonia
U heeft een maagzweer _____	You've got an ulcer
U heeft een spier verrekt _____	You've pulled a muscle
U heeft een vaginale infectie_____	You've got a vaginal infection
U heeft voedselvergiftiging _____	You've got food poisoning
U heeft een zonnesteek _____	You've got sunstroke
U bent allergisch voor... _____	You're allergic to...
U bent zwanger_____	You are pregnant

Sickness

13

102

Ik wil uw bloed/urine/ontlasting laten_____ onderzoeken	I'd like to have your blood/urine/stools tested
Het moet gehecht worden _____	It needs stitching
Ik stuur u door naar een specialist/het ___ ziekenhuis	I'm referring you to a specialist/sending you to the hospital
Er moeten foto's gemaakt worden _____	You'll need to have some x-rays taken
U moet weer even in de wachtkamer_____ gaan zitten	Could you wait in the waiting room, please?
U moet geopereerd worden _____	You'll need an operation

The diagnosis

Is it contagious?_____	Is het besmettelijk? *Is het be-smette-lik?*
How long do I have to _____ stay...?	Hoe lang moet ik...blijven *Hoo lang moot ik...blayefen?*
How long do I have to _____ stay in bed?	Hoe lang moet ik in bed blijven? *Hoo lang moot ik in bet blayefen?*
How long do I have to _____ stay in the hospital?	Hoe lang moet ik in het ziekenhuis blijven? *Hoo lang moot ik in het zeekenhowse blayefen?*
Do I have to go on _____ a special diet?	Moet ik me aan een dieet houden? *Moot ik ma aan an dee-ayt howden?*
Am I allowed to travel? ____	Mag ik reizen? *Makh ik rayezen?*
Can I make a new _____ appointment?	Kan ik een nieuwe afspraak maken? *Kan ik an ni-oo-wa af-spraak maken?*
When do I have to_____ come back?	Wanneer moet ik terugkomen? *Vaneer moot ik terukh-koamen?*
I'll come back _____ tomorrow	Ik kom morgen terug *Ik kom morkha terukh*

U moet morgen/over...dagen _____ terugkomen	Come back tomorrow/in...days' time

13 .4 Medication and prescriptions

How do I take this _____ medicine?	Hoe moet ik deze medicijnen innemen? *Hoo moot ik day-ze maydee-sayenen in-naymen?*
How many pills/_____ drops/injections/ spoonfuls/tablets each time?	Hoeveel capsules/injecties/ lepels/tabletten per keer? *Hoo-fayl kap-soo-les/in-yekt-sees/laypels/tablet-ten per kayr?*

How many times a day? ___	Hoeveel keer per dag?
	Hoo-fayl kayr per dakh?
I've forgotten my_____ medication. At home I take...	Ik heb mijn medicijnen vergeten. Thuis gebruik ik...
	Ik hep mayen maydee-sayenen ferkhayta. Towse khebrowk ik...
Could you write a _____ prescription for me?	Kunt u voor mij een recept uitschrijven?
	Kunt-oo far maye an resept owt-skhrayefen?

Ik schrijf antibiotica/een drankje/een_____ kalmeringsmiddel/pijnstillers voor	I'm prescribing antibiotics/a mixture/a sedative/pain killers
U moet rust houden _____	Have lots of rest
U mag niet naar buiten_____	Stay indoors
U moet in bed blijven _____	Stay in bed

alleen voor uitwendig gebruik	gedurende...dagen for...days	...maal per etmaal ...times per day
for external use only	in zijn geheel doorslikken	om de...uur every...hours
capsules	swallow whole	oplossen in water
pills	injecties	dissolve in water
de kuur afmaken	injections	tabletten
finish the course	innemen	tablets
deze medicijnen beïnvloeden de rijvaardigheid	take	voor elke maaltijd
	insmeren	before each meal
this medication impairs your driving	rub on	zalf
	lepels (eet-/thee-)	ointment
druppels	spoonfuls (table-/ tea-)	
drops		

 .5 At the dentist's

Do you know a good _____ dentist?	Weet u een goede tandarts?
	Vayt-oo an khooda tand-arts?
Could you make a _____ dentist's appointment for me? It's urgent	Kunt u voor mij een afspraak maken bij de tandarts? Er is haast bij
	Kunt-oo foar maye an afspraak maaken baye de tandarts? Air is haast baye
Can I come in today,_____ please?	Kan ik alstublieft vandaag nog komen?
	Kan ik als-too-bleeft fandaakh koama?
I have (terrible)_____ toothache	Ik heb (vreselijke) kiespijn
	Ik hep (frays-el-lika) keespayen
Could you prescribe/ _____ give me a painkiller?	Kunt u een pijnstiller voorschrijven/geven?
	Kunt-oo an payenstiller foarskhrayefen/khayfen?
A piece of my tooth _____ has broken off	Er is een stuk van mijn tand afgebroken
	Air is an stuk fan mayen tant af-khe-broaken
My filling's come out _____	Mijn vulling is eruit gevallen
	Mayen fulling is er-owt khe-fallen

Sickness

13

I've got a broken crown____ Mijn kroon is afgebroken
Mayen kroan is af-khe-broaka
I'd like/I don't want a _____ Ik wil wel/niet plaatselijk verdoofd worden
local anaesthetic *Ik vil wel/neet plaatselik ferdoafd vorda*
Can you do a temporary ___ Kunt u me nu op provisorische wijze
repair job? helpen?
Kunt-oo ma noo op pro-fis-or-eesa waye-za
helpen?
I don't want this tooth _____ Ik wil niet dat deze kies getrokken wordt
pulled *Ik vil neet dat day-ze kees khe-trokka wort*
My dentures are broken. ___ Mijn kunstgebit is gebroken. Kunt u het
Can you fix them? repareren?
Mayen kunstkhebit is khebroaken. Kunt-oo
het raypar-ayren?

Welke tand/kies doet pijn? _____ Which tooth hurts?
U heeft een abces_____ You've got an abcess
Ik moet een zenuwbehandeling doen____ I'll have to do a root canal
treatment
Ik ga u plaatselijk verdoven_____ I'm giving you a local
anaesthetic
Ik moet deze tand/kies_____ I'll have to fill/pull/grind
vullen/trekken/afslijpen this tooth down
Ik moet boren _____ I'll have to drill
Mond open_____ Open wide, please
Mond dicht_____ Close your mouth, please
Spoelen _____ Rinse, please
Voelt u nog pijn?_____ Does it still hurt?

Sickness

13

14

In trouble

14.1 Asking for help   107

14.2 Loss   108

14.3 Accidents   108

14.4 Theft   109

14.5 Missing person   109

14.6 The police   110

14 .1 **A**sking for help

Help!	Help!
	Hel-ep!
Fire!	Brand!
	Brant!
Police!	Politie!
	Poal-eet-see!
Quick!	Snel!
	Snel!
Danger!	Gevaar!
	Khe-faar!
Watch out!	Pas op!
	Pas op!
Stop!	Stop!
	Stop!
Be careful!	Voorzichtig!
	For-zikhtikh!
Don't!	Niet doen!
	Neet doon!
Let go!	Laat los!
	Laat los!
Stop that thief!	Houd de dief!
	Howt de deef!
Could you help me, please?	Wilt u me helpen?
	Vilt-oo ma helpen?
Where's the police station/emergency exit/fire escape?	Waar is het politiebureau/de nooduitgang/de brandtrap?
	Vaar is het pol-eet-see boorow/de noat-owt-khang/de brant-trap?
Where's the nearest fire extinguisher?	Waar is een brandblusapparaat?
	Vaar is an brant-blus-apparaat?
Call the fire department!	Waarchuw de brandweer!
	Vaarskoow de brant-veer!
Call the police!	Bel de politie!
	Bel de pol-eet-see!
Call an ambulance!	Waarschuw een ziekenauto
	Vaarskoow an zeeken-owtoe
Where's the nearest phone?	Waar is een telefoon?
	Vaar is an tay-la-foan?
Could I use your phone?	Mag ik uw telefoon gebruiken?
	Makh ik oow tay-la-foan khe-browken?
What's the emergency number?	Wat is het alarmnnummer?
	Vat is het alar-em numm-er?
What's the number for the police?	Wat is het telefoonnummer van de politie?
	Vat is het tay-la-foan-numm-er fan de pol-eet-see?

14 .2 Loss

I've lost my purse/_____ wallet	Ik ben mijn portemonee/ portefeuille verloren
	Ik ben mayen port-ta-monnay/ port-ta-feu-y fer-loaren
I left my... yesterday _____	Ik ben gisteren mijn...vergeten
	Ik ben khistera mayen...fer-khayta
I left my...here (an object __ that "lies")	Ik heb hier mijn...laten liggen
	Ik hep mayen...laata likh-khen
I left my...here (an object __ that stands)	Ik heb hier mijn...laten staan
	Ik hep mayen...laata staan
Did you find my...? _____	Heeft u mijn...gevonden?
	Hayft-oo mayen...khe-fonden?
It was right here _____	Het was hier
	Het was heer
It's quite valuable _____	Het is zeer kostbaar
	Het is zayr kostbaar
Where's the Lost and _____ Found office?	Waar is het bureau gevonden voorwerpen?
	Vaar is het boo-row khe-fonden foar-verpen?

14 .3 Accidents

There's been an _____ accident	Er is een ongeluk gebeurd
	Air is an on-khe-luk khe-boo-ert
Someone's fallen into _____ the water	Er is iemand in het water gevallen
	Air is eemant in het vaater khe-fallen
There's a fire_____	Er is brand
	Air is brant
Is anyone hurt? _____	Is er iemand gewond?
	Is-air eemant khe-wond?
Some people have _____ been/No one's been injured	Er zijn/Er zijn geen gewonden
	Air zayen/Air zayen khayn khe-wonden
There's someone in _____ the car/train still	Er zit nog iemand in de auto/trein
	Air zit nokh eemant in de owtoe/trayen
It's not too bad. Don't_____ worry	Het valt wel mee. Maakt u zich geen zorgen
	Het falt vel may. Maakt-oo zikh khayn zorkhen
Leave everything the _____ way it is, please	Wilt u geen veranderingen aanbrengen
	Vilt-oo khayn fer-ander-inga aan-brenga
I want to talk to the_____ police first	Ik wil eerst met de politie praten
	Ik vil ayrst met de pol-eet-see praaten
I want to take a _____ photo first	Ik wil eerst een foto nemen
	Ik vil ayrst an foto naymen
Here's my name_____ and address	Hier heeft u mijn naam en adres
	Heer hayft-oo mayen naam en adress
Could I have your _____ name and address?	Mag ik uw naam en adres weten?
	Makh ik oow naam en adress vayten?
Could I see some_____ identification/your insurance documents?	Mag ik uw identiteitsbewijs/ verzekeringspapieren zien?
	Makh ik oow ee-dent-ee-tayets-be-wayes/fer- zekerings-pap-eer-en zeen?

Will you act as a _____ witness?	Wilt u getuige zijn?
	Vilt-oo khetowkha zayen?
I need the details for _____ the insurance	Ik moet de gegevens weten voor de verzekering
	Ik moot de khe-khayfens wayten for de fer-zaykering
Are you insured? _____	Bent u verzekerd?
	Bent-oo fer-zaykerd?
Third party or _____ all inclusive?	WA of all risk?
	Way Ah of all risk?
Could you sign here, _____ please?	Wilt u hier uw handtekening zetten?
	Vilt-oo heer oow hant-taykening zetten?

🔴14 .4 Theft

I've been robbed _____	Ik ben bestolen
	Ik ben be-stoala
My...has been stolen _____	Mijn...is gestolen
	Mayen...is khe-stoala
My car's been _____ broken into	Mijn auto is opengebroken
	Mayen owtoe is oapakhebroaka

🔴14 .5 Missing person

I've lost my child/ _____ grandmother	Ik ben mijn kind/oma kwijt
	Ik ben mayen kint/oama kwayet
Could you help me _____ find him/her?	Kunt u mij helpen zoeken
	Kunt-oo maye helpen zooken?
Have you seen a _____ small child?	Heeft u een klein kind gezien?
	Hayft-oo an klayen kint khe-zeen?
He's/she's...years old _____	Hij/zij is...jaar
	Haye/zaye is...yaar
He's/she's got _____ short/long/blond/red/ brown/black/ gray/curly/ straight/frizzy hair	Hij/zij heeft kort/lang/blond/ rood/bruin/zwart/grijs/krullend/steil/ kroezend haar
	Haye/zaye hayft kort/lang/ blont/roat/brown/zvart/khrayes/krul-lent/stayel/kroozent haar
with a ponytail _____	met een paardenstaart
	met an paardenstaart
with braids _____	met vlechten
	met flekhten
in a bun _____	met een knotje
	met an ke-not-ya
He's/she's got _____ blue/brown/green eyes	De ogen zijn blauw/bruin/ groen
	De oa-khen zayen blough/ brown/khroo-en
He's wearing swimming ___ trunks/hiking boots	Hij draagt een zwembroekje/ bergschoenen
	Haye draagt an zvem-brook-ya/bair-ekh-skhoonen
He/she wears glasses/is____ carrying a bag	Hij/zij is met/zonder bril/tas
	Haye/zaye is met/zond-er bril/tas
tall/short_____	groot/klein
	khroat/klayen

In trouble

🔴14

This is a photo of _____   Dit is een foto van hem/haar
  him/her   *Dit is an foto fan hem/haar*
He/she must be lost _____   Hij/zij is zeker verdwaald
                                Haye/zaye is zayker fer-dwaalt

14 .6 The police

An arrest

Uw autopapieren alstublieft _____	Your vehicle documents, please
U reed te hard _____	You were speeding
U staat fout geparkeerd _____	You're not allowed to park here
U heeft de parkeermeter niet gevuld ___	Your haven't put money in the meter
Uw lichten doen het niet _____	You're lights aren't working
U krijgt een boete van... _____ guldens/franken	That's a fine of...guilders/francs
Wilt u direct betalen? _____	Do you want to pay now?
U moet direct betalen _____	You'll have to pay now

I don't speak Dutch/Flemish _   Ik spreek geen Nederlands/Vlaams
                                Ik sprayk khayn Nayderlants/Flaams
I didn't see the sign _____   Ik heb dat bord niet gezien
                                Ik hep dat bort neet khe-zeen
I don't understand_____   Ik begrijp niet wat daar staat
  what it says   *Ik be-khrayp neet vat daar staat*
I was only doing..._____   Ik reed maar...kilometers per uur
  kilometers an hour   *Ik rayd maar...keelo-mayters per oor*
I'll have my car checked ___   Ik zal mijn auto laten nakijken
                                Ik zal mayen owtoe laten na-kaye-ken
I was blinded by _____   Ik werd verblind door een tegenligger
  oncoming lights   *Ik verd ferblint door an taykhen-likh-kher*

At the police station

I want to report a_____   Ik kom aangifte doen van een botsing/een
  collision/missing   vermissing/een verkrachting
  person/rape   *Ik kom aan-khifte doo-en fan an bots-ing/an
                                fermissing/an fer-krakhting*
Could you give a _____   Wilt u een procesverbaal opmaken?
  statement, please?   *Vilt-oo an prosess-fer-baal op-maken?*
Could I have a copy _____   Mag ik een afschrift voor de verzekering?
  for the insurance?   *Makh ik an af-skhrift for de fer-zaykering?*
I've lost everything _____   Ik ben alles kwijt
                                Ik ben all-es kwayet
I don't have any money____   Mijn geld is op, ik ben radeloos
  left. I don't know what to   *Mayen khelt is op, ik ben raada-loase*
  do

In trouble

14

110

Could you lend me some __ money? — Kunt u mij wat geld lenen?
Kunt-oo maye vat khelt laynen?

I'd like an interpreter, _____ please — Ik wil graag een tolk
Ik vil khraakh an tolk

I'm innocent _____ — Ik ben onschuldig
Ik ben on-skhuldikh

Waar is het gebeurd? _____ — Where did it happen?

Wat bent u kwijt? _____ — What's missing?

Wat is er gestolen?_____ — What's been taken?

Mag ik uw identiteitsbewijs?_____ — Could I see some identification?

Hoe laat is het gebeurd?_____ — What time did it happen?

Wie waren erbij betrokken_____ — Who was involved?

Zijn er getuigen?_____ — Are there any witnesses?

Wilt u dit invullen alstublieft_____ — Fill this in, please

Hier tekenen, alstublieft _____ — Sign here, please

Wilt u een tolk? _____ — Do you want an interpreter?

I don't know anything _____ about it — Ik weet nergens van
Ik vayt nerkhens fan

I want to speak to _____ someone... — Ik wil spreken met iemand van...
Ik vil sprayken met eemant fan...

I want to speak to _____ someone from the American consulate — Ik wil spreken met iemand van het Britse/Ierse consulaat
Ik vil sprayken met eemant fan het Brit-se/Eer-se cons-oo-laat

I want a lawyer who _____ speaks English — Ik wil een advocaat die Engels spreekt
Ik vil an ad-voh-kaat dee Eng-els spraykt

In trouble

14

15

Word list

Word list English - Dutch

● **This word list is** intended as a supplement to previous chapters. In a number of cases, words not contained in this list can be found elsewhere in this book, namely alongside the diagrams of the car, bicycle, and the tent. Many food terms can be found in the Dutch–English list in 4.7.

A

100 grams	ons/honderd gram	ons/honderd khram
500 grams	pond/vijf honderd gram	pont/vayef honderd khram
about (approximate)	ongeveer	on-khe-fayr
above	boven	boafa
abroad	buitenland	bowtenlant
accident	ongeluk	on-khe-luk
adder	adder	adder
addition	optelling	op-telling
address	adres	adress
adhesive tape	plakband	plak-bant
admission	toegang	too-khang
admission price	toegangsprijs	too-khangs-prayes
advice	advies	ad-vees
after	na	na
aftershave	aftershave	aftershave
afternoon	middag/'s middags	middakh/smiddakhs
again	opnieuw/weer	op-ni-oow/wayr
against	tegen	taykhen
AIDS	aids	aids
air bed	luchtbed	luchtbet
airconditioning	airconditioning	aircondishuning
airsickness bag	kotszakje	kotszak-ya
airplane	vliegtuig	fleekh-towkh
airmail, by	luchtpost, per	per lukht-posst
airport	vliegveld	fleekh-felt
alarm	alarm	al-ar-em
alarm clock	wekker	wekker
alcohol	alcohol	al-ko-hol
all the time	telkens	telkens
allergic	allergisch	aller-khees
alone	alleen	al-ayn
always	altijd	al-tayet
ambulance	ziekenauto	zeeken-owtoe
American	a	a
amount	bedrag	bedrakh
amusement park	pretpark	pret-park
anaesthetize	verdoven	ferdoafen
anchovy	ansjovis	an-shoa-vis
and	en	en
angry	boos	boase
animal	dier	deer
ankle	enkel	en-kel
answer	antwoord	ant-vort
ant	mier	meer
antibiotics	antibiotica	anti-bee-oatica
antifreeze	antivries	anti-frees
antique	antiek	anteek

Word list

15

anus	anus	aan-us
apartment	appartement	ap-part-ament
aperitif	aperitief	aper-iteef
apologies	excuses	ek-skooses
apple	appel	appel
apple juice	appelsap	appel-sap
apple pie	appeltaart	appel-taart
apple sauce	appelmoes	appel-moos
appointment	afspraak	afspraak
appointment, to make	afspraak maken	afspraak ma-ken
apricot	abrikoos	abree-koase
April	april	aapril
architecture	architectuur	arkhi-tekt-oor
area	omgeving	om-khay-fing
area code	kengetal	ken-khetal
arm	arm	ar-em
arrange	afspreken	afsprayken
arrive	aankomen	aankoamen
arrow	pijl	payel
art	kunst	koonst
artery	slagader	slakh-ader
artichokes	artisjokken	arti-shocken
article	artikel	art-eekel
artificial respiration	kunstmatige	koonst-matikha
	ademhaling	aadem-haaling
ashtray	asbak	as-bak
ask	vragen	fraakhen
asparagus	asperges	as-pairsyes
aspirin	aspirine	as-pir-eene
assault	aanranding	aanranding
at home	thuis	towse
at night	's avonds	safonts
at once	meteen	ma-tayn
at the back	achterin	akhterin
at the front (theater)	vooraan	foar-aan
at the front (car)	voorin	foar-in
at the latest	uiterlijk	owter-lik
August	augustus	aug-ust-us
automatic	automatisch	owtoe-matees
automatic (car)	automaat (auto)	owtoe-mat/owtoe
autumn	herfst	her-efst
awake	wakker	wakker
awning	zonnescherm	zonne-skherm
baby	baby	baybee
baby food	babyvoeding	baybee-fooding
babysitter	babyoppas	baybee-op-pass
back	rug	rukh
backpack	rugzak	rukh-zak
bacon	spek	spek
bad (accident, illness)	erg	er-ekh
bad (weather, service)	slecht	slekht
bag (large)	tas	tas
baker	bakker	bakker
balcony	balkon	balkon
ball	bal	bal
ballet	ballet	bal-et
banana	banaan	banaan

bandage	verband	ferbant
Bandaids	pleisters	playesters
bangs	pony	ponny
bank	bank	bank
bank (river/canal)	oever	oofer
bank card	bankpasje	bank-pas-ya
bar	bar/café	bar/ka-fay
bar (counter)	bar	bar
barbecue	barbecue	bar-be-kyoo
basketball, to play	basketballen	basket-ballen
bath	bad	bat
bath attendant	badmeester	bat-mayster
bath foam	badschuim	bat-skh-owa-m
bath towel	badhandoek	bat-hantdook
bathing cabin	badhokje	bat-hok-ya
bathing cap	badmuts	bat-muts
bathing costume	badpak	bat-pak
bathroom	badkamer	bat-kaam-er
battery (car)	accu	ack-oo
battery (camera)	batterij	batter-aye
be bored	vervelen, zich	zikh ferfaylen
be in love with	verliefd zijn op	ferleefd zayen op
be lost	verdwalen	ferdwalen
be missing	ontbreken	ontbrayken
be mistaken	vergissen	ferkhissen
beans	bonen	boanen
beautiful	mooi	mow-ee
beauty parlor	schoonheidssalon	skhoan-hayet-saalon
bed	bed	bet
bee	bij	baye
beef	rundvlees	runt-flayse
beer	bier	beer
beet	biet, rode	roada beet
begin	beginnen	bekhinnen
beginner	beginner	bekhinner
behind	achter	akhter
Belgian (adj)	Belgische	belkh-eese
Belgian (n)	Belg	belkh
Belgium	België	belkh-ee-a
belt	riem	reem
bench	bank	bank
berth	couchette	kooshette
better	beter	bayter
bicarbonate	zuiveringszout	zowferings-zowt
bicycle	fiets/rijwiel	feets/raye-weel
bicycle pump	fietspomp	feets-pomp
bicycle repairer	fietsenmaker	feetsenmaker
bikini	bikini	bik-ini
bill	rekening	ray-ken-ing
birthday	verjaardag	fer-yaar-dakh
biscuit	koekje	kook-ya
bite	bijten	bayeten
bitter	bitter	bit-ter
black	zwart	zwart
bland	flauw	fl-ough
blanket	deken	dayken
bleach	blonderen	blond-ayren

Word list

blister	blaar	blaar
blonde	blond	blond
blood	bloed	blood
blood pressure	bloeddruk	blooddruk
bloody nose	bloedneus	bloodn-eu-s
blouse	blouse	bloos
blow-dry	föhnen	f-eu-nen
blue	blauw	bl-ough
blunt (knife)	bot (mes)	bot (mess)
boat	boot	boat
body	lichaam	likhaam
body milk	bodymilk	bodymil-ek
boil	water koken	vaater koaken
boiled	gekookt	khe-koakt
bone	bot	bot
book (n)	boek	book
book (v)	bespreken	be-sprayken
bookshop	boekhandel	book-handel
border	grens	khrens
boring	saai	saaye
born	geboren	kheboren
borrow	lenen van	laynen fan
botanical garden	botanische tuin	botan-ische town
both	allebei	all-e-baye
bottle	fles	fless
bottle-warmer	flessenwarmer	flessen-varmer
box	doos	doase
box (theater)	loge	lozya
box office	bespreekbureau	be-sprayk-booroa
boy	jongen	yongen
bra	beha	bay-haa
bracelet	armband	ar-em-bant
braised	gestoofd	khe-stoafd
brake	rem	rem
brake fluid	remvloeistof	rem-floo-ee-stof
brake oil	remolie	rem-oalee
brass	(geel-) koper	(khayl-) koaper
bread	brood	broat
break (a leg)	(een been) breken	(an bayn) brayken
breakfast	ontbijt	ontbayet
breast	borst	borst
briefs	broekje/slipje	brook-ya/slip-ya
bring	brengen	brengen
brochure	brochure	brosh-oora
broken	stuk/kapot	stuk/kapot
broth (soup)	bouillon (soep)	bool-yon (soup)
brother	broer	broo-er
brown	bruin	brown
bruise	kneuzen	ke-neuzen
brush	borstel	borstel
Brussels sprouts	spruitjes	sprowt-yas
bucket	emmer	em-mer
bug	beestje	bayst-ya
bugs	ongedierte	on-khe-deer-ta
building	gebouw	khebough
buoy	boei	boo-ee
burglary	inbraak	inbraak

burn (v)	branden	branden
burn (n)	brandwond	brantwont
burnt	aangebrand	aankhebrant
bus (service)	bus (lijndienst)	bus (layen-deenst)
bus station	busstation	bus-stasyon
bus stop	bushalte	bus-halte
business class	business class	business class
business trip	zakenreis	zaakenrayes
busy	druk	druk
busy (on phone)	in gesprek	in khe-sprek
butter	boter	boater
buttered roll	gesmeerd broodje	khe-smeert broat-ya
button	knoop (on coat)/	ke-noap/ke-nop-ye
	knop(je)	
buy	kopen	koapen

C

cabbage	kool	koal
cabin	hut (on board ship)	hut
café	café	kaf-fay
cake (slice)	gebakje	khe-bak-ya
cake (whole)	taart	taart
cake shop	banketbakkerij	banket-bak-er-aye
call	telefoneren	taylafoan-ayren
camera (mostly video)	camera	kam-era
camera (photo)	fototoestel	foto-toostel
camp	kamperen	kamp-ayren
camp fire	kampvuur	kamp-foor
camp shop	kampwinkel	kamp-vinkel
camper	camper	kemper
camping gas (butane)	campinggas (butaan)	kemping-khaz (bootaan)
camping gas (propane)	campinggas (propaan)	kemping-khaz (proapaan)
camping guide	kampeergids	kampayrkhids
camping permit	kampeervergunning	kampayr-fer-khunning
campsite	camping	kemping
can	blik	blik
canal trip boat	rondvaartboot	rond-faart-boat
cancel	annuleren	an-noo-layren
candy	bonbon	bonbon
candies	snoep(goed)	snoop(khood)
candle	kaars	kaars
canoe (n)	kano	kanoa
canoe (v)	kanoën	kanoa-en
car	auto/wagen	owtoe/vaakhen
car deck	autodek	owtoe-dek
car documents	autopapieren	owtoe-papeeren
car seat	autozitje	owtoe-zit-ya
car trouble	pech/motorpech	pekh/motorpekh
carafe	karaf	kar-af
cardigan	vest	vest
careful	voorzichtig	forzikhtikh
carrot	wortel	vortel
cartridge	cassette (foto)	kas-set-ta
cascade	waterval	vaaterval

cashier	kassa	kassa
casino	casino	kas-eeno
cassette	cassette	kas-set-ta
castle	kasteel	kas-tayl
cat	poes	poos
catalog	catalogus	kat-al-oa-khus
cathedral	kathedraal	kat-a-dral
cauliflower	bloemkool	bloom-koal
cave	grot	khrot
CD	cd	say-day
celebrate	feestvieren	fayst-feeren
cemetery	kerkhof	kerk-hof
center	in het midden	in het midden
center (town)	centrum	sentrum
centimeter	centimeter	senti-mayter
central heating	centrale verwarming	sentrale- ferwarming
chair	stoel	stool
chambermaid	kamermeisje	kamer-mays-ya
chamois leather	zeem	zaym
champagne	champagne	sham-pan-ya
change (trains)	overstappen	oaferstappa
change (plans)	wijzigen	wayezikhen
change (back)	wisselgeld/geld terug	visselkhelt/khelt terukh
change (money)	wisselen	vissela
change the baby's diaper	baby verschonen	bayby ferskhoanen
change the oil	olie verversen	oalee ferfersen
chapel	kapel	ka-pel
charter flight	chartervlucht	sharter-flucht
check (v)	controleren	controlayren
check (money)	cheque	sheck
check in	inchecken	inshecken
checked luggage	bagagedepot	bakhaazya-day-poh
checkers, to play	dammen	damma
cheers	proost	proast
cheese, tasty/mild	kaas, oude/jonge	kaas, oud-a/yong-a
chef	chef	shef
cherries	kersen	kairsen
chewing gum	kauwgum	kough-khum
chicken	kip	kip
chicory	witlof	vitlof
child	kind	kint
child's bicycle seat	fietszitje	feetszit-ya
chilled	gekoeld	khe-koolt
chin	kin	kin
chocolate	chocolade	shoa-ko-laa-de
choose	kiezen	keezen
chop	kotelet	kot-e-let
church	kerk	kerk
church service	kerkdienst	kerk-deenst
cigar	sigaar	sikhaar
cigar shop	sigarenwinkel	sikhaar-ren-vinkel
cigarette	sigaret	sikhaar-ret
cigarette pack	slof cigaretten	slof sikhar-etta
cigarette paper	vloei	floo-ee
circle	cirkel	sirkel
circle (theater)	balkon	bal-kon

Word list

15

English	Dutch	Pronunciation
circus	circus	sirkus
city	(groot) stad	(khroat) stat
classical concert	klassiek concert	klasseek konsairt
clean	schoon	skhoan
clear	duidelijk	dowdelik
clearance	opruiming	op-rowming
closed	dicht	dikht
closed off (road)	afgesloten (rijweg)	af-khe-sloaten (raye-vekh)
clothes	kleren	klayren
clothes hanger	kleerhanger	klayrhanger
clothesline	waslijn	waslayen
clothespin	wasknijper	was-ke-nayeper
clothing	kleding	klayding
clothing size	maat (kleding)	maat
coach	bus (touringcar)	bus (tooringcar)
coat	jas	yas
cocoa (drink, cold)	koude chocolademelk	kowda syoa-ko-laa-de-mel-ek
cocoa (drink, hot)	warme chocolademelk	varma syoa-ko-laa-de-mel-ek
cockroach	kakkerlak	kakkerlak
cod	kabeljauw	kabel-yough
coffee	koffie	koffee
coffee filter	koffiefilter	koffee-filter
cognac	cognac	kon-yak
cold (adj)	koud	kowt
cold (n)	verkoudheid	ferkowt-hayet
cold cuts	vleeswaren	flaysvaren
collarbone	sleutelbeen	sl-eu-telbayn
colleague	collega	koll-aykha
collision	aanrijding/ botsing	an-raye-ding/ botsing
cologne	eau de toilette	oa-de-twa-let
color	kleur	kl-eu-r
color pencils	kleurpotloden	kl-eu-r-pot-loaden
color tv	kleuren-tv	kl-eu-ren-tay-fay
coloring book	kleurboek	kl-eu-r-book
comb	kam	kam
come	komen	koamen
come back	terugkomen	terukh-koamen
communion (mass)	mis	miss
compartment	coupé	coup-ay
complaint	klacht	klakht
complaints book	klachtenboek	klakhtenbook
completely	helemaal	hay-le-maal
compliment	compliment	komp-lee-ment
compulsory	verplicht	ferplikht
concert	concert	konsairt
concert hall	concertgebouw	konsairt-khebow
concussion	hersenschudding	hersenskhudding
condensed milk	koffiemelk	koffee-mel-ek
condom	condoom	kondoam
congratulate	feliciteren	fay-lis-itayren
connection	verbinding	ferbinding
constipation	constipatie	konstipaatsee
consulate	consulaat	konsoolaat

Word list

15

English	Dutch	Pronunciation
consultation	consultatie	konsult-aasee
contact lens	contactlens	kontaktlens
contact lens solution	contactlensvloeistof	kontaktlens-floo-ee-stof
contagious	besmettelijk	be-smet-a-lik
contraceptive	voorbehoedmiddel	foar-behood-middel
contraceptive pill	anticonceptiepil	anti-konsept-see-pill
cook (n)	kok	kok
cook (v)	eten koken	ayten koaka
cookies	koekjes	kook-yas
copper	(rood-) koper	(road-) koaper
copy	kopie	kopee
corkscrew	kurkentrekker	kurken-trekker
corner	hoek	hook
cornflour	maïzena	may-ee-zayna
correct	correct	korrekt
correspond	corresponderen	korrespondayren
corridor	gang	khang
costume	kostuum	kostoom
cot	kinderbedje	kinderbet-ya
cotton	katoen	katoon
cotton (antiseptic)	watten	vatten
cough	hoest	hoost
cough syrup	hoestdrank	hoostdrank
counter	balie	baal-ee
country	land	lant
country code	landnummer	lant-nummer
countryside	platteland	plat-a-lant
course	kuur	koor
cousin (female)	nicht	nikht
cousin (male)	neef	nayf
crab	krab	krab
crackers	koekjes	kook-yas
cream (hands)	crème	krem
cream (milk)	room	roam
credit card	creditcard	creditcard
croissant	croissant	kwassant
cross the road	oversteken	oaferstayka
crossroads	kruispunt	krowsepunt
crossing (ferry)	overtocht	oafertocht
cry	huilen	howlen
cubic meter	kubieke meter	koo-beek-a mayter
cucumber	komkommer	kom-kommer
cuddly toy	knuffelbeest	ke-nuffel-bayst
cuff links	manchetknopen	manshet-ke-nopen
culottes	broekrok	brook-rok
cup	kopje	kop-ya
curly	krullend	krullent
current (water)	stroming	stroaming
cushion	kussentje	kus-sent-ya
custard	vla	fla
customary	gebruikelijk	khe-brow-kelik
customs	douane	doo-an-a
customs check	douanecontrole	doo-an-a-kontrola
cut (scissors)	knippen	ke-nippen
cut (knife)	snijden	snaye-den
cutlery	bestek	bestek

| cycle | fiets/rijwiel | feets/raye-weel |
| cycling | fietsen | feetsen |

D

dairy	zuivel	zowvel
damaged	beschadigd	be-skhadikht
dance	dansen	dansa
dandruff	roos	roas
danger	gevaar	khe-faar
dangerous	gevaarlijk	khe-faar-lik
dark	donker	donker
date	afspraakje	af-spraak-ya
daughter	dochter	dokhter
day	dag	dakh
day after tomorrow	overmorgen	oafermorkha
dead	dood	doat
decaffeinated	cafeïnevrij	ca-fay-ee-na-vraye
December	december	day-sember
deck chair	strandstoel	strant-stool
declare (for customs)	aangeven (bij douane)	aan-khayfen (baye doo-an-a)
deep	diep	deep
deep freeze	diepvries	deepfrees
deep sea diving	diepzeeduiken	deepzay-dowken
degrees	graden	khraden
delay	vertraging	fertrakhing
delicious	voortreffelijk	foar-treffelik
dentist	tandarts	tand-arts
dentures	kunstgebit	kunst-khebit
deodorant	deodorant	day-oaderant
department (in store)	afdeling	af-dayling
department store	warenhuis	varen-howse
departure	vertrek	fertrek
departure time	vertrektijd	fertrek-tayet
depilatory cream	ontharingscrème	onthaarings-krem
deposit	in bewaring	in be-vaaring
deposit (n)	borgsom	borkh-som
dessert	dessert	dess-air
destination	bestemming	bestemming
detergent	wasmiddel	wasmiddel
develop	ontwikkelen	ontvikkela
diabetic	suikerpatiënt	sowker-pas-ee-ent
dial	(nummer) draaien	(nummer) draay-en
diamond	diamant	dee-a-mant
diaper	luier	lowyer
diarrhea	diarree	dee-a-ray
dictionary	woordenboek	woardenbook
diesel	diesel	dee-sel
diesel oil	dieselolie	deesel-oalie
diet	dieet	dee-ayt
difficulty	moeilijkheid	moo-ee-lik-hayet
dine	dineren	deen-ayren
dining room	eetzaal	ayt-zaal
dining/buffet car	restauratiewagen	restoraat-see vagon
dinner (informal)	avondeten	afont-ayta
dinner (formal)	diner	din-ay
dinner jacket	smoking	smoking

direction	richting	rikhting
directly	rechtstreeks	rekht-strayks
dirty	vies	fees
disabled	invalide	in-fal-eeda
disco	disco	disco
discount	korting	korting
dish	gerecht	khe-rekht
dish of the day	dagschotel	dakh-skhoatel
disinfectant	ontsmettingsmiddel	ont-smettings-middel
distance	afstand	af-stant
distilled water	gedistilleerd water	khe-dis-still-ayrt vaater
disturb	storen	stoaren
disturbance	storing	stoaring
dive	duiken	dowken
diving	duiksport	dowksport
diving board	duikplank	dowkplank
diving gear	duikuitrusting	dowk-owt-rusting
divorced	gescheiden	khe-skhaye-den
Do-it-yourself shop	doe-het-zelfzaak	doo-het-zelf-zaak
dizzy	duizelig	dowzelikh
do	doen	doon
doctor	arts/dokter	arts/dokter
doctor's office	spreekuur	sprayk-oor
dog	hond	hont
doll	pop	pop
domestic (flight)	binnenlands (vlucht)	binna-lants (flucht)
done	gaar	khaar
door	deur	d-eu-r
double	tweepersoons	tway-persoans
down	(naar) beneden	(naar) benayda
draft	tocht	tokht
dream	dromen	droama
dress	jurk	yurk
dressing gown	ochtendjas	ochtend-yas
drink (n)	drankje	drank-ya
drink (v)	drinken	drinken
drinking water	drinkwater	drinkwater
drive	rijden (in auto)	rayeden (in owtoe)
driver	chauffeur	show-f-eu-r
driving license	rijbewijs	raye-be-wayes
drought	droogte	droakhte
drugstore	drogist	droa-khist
dry	droog	droakh
dry (v)	drogen	droakhen
dry clean	stomen	stoamen
dry cleaner	stomerij	stoamer-aye
dry shampoo	droogshampoo	droakh-shampoa
during	tijdens	taye-dens
during the day	overdag	oafer-dakh
Dutch (female)	Nederlandse	Nay-der-lantse
Dutch (male)	Nederlander	Nay-der-lander
Dutch National Health	ziekenfonds	zeeken-fonts

E

ear	oor	oar
eardrops	oordruppels	oar-druppels
ear, nose, and throat specialist (ENT)	keel-, neus-, en oorarts	kayl-, n-eu-s, en oar-arts
earache	oorpijn	oar-payen
early	vroeg	frookh
earrings	oorbellen	oar-bellen
earth	aarde (grond)	aarda (khront)
earthenware	aardewerk	aardaverk
east	oost	oast
easy	gemakkelijk	khe-mak-kelik
eat	eten	ayten
eczema	eczeem	ek-zaym
eel	paling	pa-ling
egg	ei	aye
eggplant	aubergine	oa-ber-syean
electric	elektrisch	elektrees
electricity	stroom	stroam
elevator	lift	lift
embassy	ambassade	ambassaade
emergency brake	noodrem	noat-rem
emergency cone	gevarendriehoek	khe-faaren-dree-hook
emergency exit	nooduitgang	noat-owt-khang
emergency number	alarmnummer	alar-em-nummer
emergency phone	praatpaal	praat-paal
emery board	nagelvijl	nakhel-vayel
empty	leeg	laykh
engaged	bezet	be-zet
English	Engels	Eng-els
enjoy	genieten	khe-neeten
entertainment guide	uitgaanskrant	owt-khaans-krant
envelope	envelop	en-vel-op
escort	escortguide	eskort-gayd
evening	avond	afont
evening wear	avondkleding	afont-klayding
event	evenement	ay-vena-ment
everything	alles	al-les
everywhere	overal	oafer-al
examine (medical)	onderzoeken (medisch)	onder-zooken (maydees)
excavation	opgravingen	op-khrafingen
excellent	uitstekend	owt-staykent
exchange	ruilen	row-len
exchange office	wisselkantoor	vissel-kantoor
exchange rate	geldkoers/ wisselkoers	khelt-koors/ visselkoors
excursion	excursie	eks-kur-see
exhibition	tentoonstelling	ten-toan-stelling
exit	uitgang	owt-khang
expenses	onkosten	on-kosten
expensive	duur	doo-er
explain	uitleggen	owt-lekh-ken
express	sneltrein	snel-trayen
external	uitwendig	owt-wendikh
eye	oog	oakh
eye drops	oogdruppels	oakh-druppels

Word list

15

eye specialist	oogarts	oakh-arts
eyeliner	eyeliner	eyeliner
eyeshadow	oogschaduw	oakh-skhadoow

F

face	gezicht/gelaat	khe-zikht/khe-laat
factory	fabriek	fab-reek
fair	kermis	kair-mis
fall	vallen	falla
family	gezin	khe-zin
famous	beroemd	be-roomt
far away	ver weg	fer vekh
farm	boerderij	boo-er-der-aye
farmer	boer	boo-er
farmer's wife	boerin	boo-erin
fashion	mode	moada
fast	snel	snel
father	vader	faa-der
fault	schuld	skhuld
fax (v)	faxen	fax-en
February	februari	feb-roo-aree
feel	voelen	foolen
feel like	zin hebben	zin hebba
fence	hek	hek
ferry	pont/veer	pont/vayr
fever	koorts	koarts
fill (tooth)	(kies) vullen	(kees) fullen
fill out	invullen	in-fullen
filling (tooth)	(kies) vulling	(kees) fulling
film (cinema)	film	fil-em
film (camera)	fotorolletje	foto-roll-etya
filter	filter	filt-er
find	vinden	finden
fine	bekeuring	be-k-eu-ring
finger	vinger	finger
fire (emergency)	brand	brant
fire (in fireplace)	vuur	foor
fire department	brandweer	brant-vayr
fire escape	brandtrap	brant-trap
fire extinguisher	brandblusapparaat	brant-bluss-aparaat
first	eerste	ayrste
first aid	eerste hulp	ayrste hulp
first class	eerste klas	ayrste klas
fish (n)	vis	fis
fish (v)	vissen	fissen
fishing rod	hengel	hengel
fit	passen/de goede maat zijn	passen/de khooda maat zayen
fitness club	fitnesscentrum	fitness-sentrum
fitness training	fitnesstraining	fitness-training
fitting room	paskamer	pas-kaamer
fix (repair)	maken	maaken
fix (tire)	(band) plakken	(bant) plakken
flag	vlag	flakh
Flanders	Vlaanderen	Flaandera
flash bulb	flitslampje	flits-lamp-ya
flash cube	flitsblokje	flits-blok-ya

flash gun	flitser	flits-er
flat	flat	flet
flea market	vlooienmarkt	floo-yen-markt
Fleming	Vlaming	Flaaming
Flemish	Vlaamse	Flaamse
flight	vlucht	flukht
flight number	vluchtnummer	flukhtnummer
flood	overstroming	oafer-stroaming
floor	etage/verdieping	aytaazye/fer-deeping
flounder	bot	bot
flour	meel	mayl
flu	griep	khreep
fly (aircraft)	vliegen	fleekhen
fly (insect)	vlieg	fleekh
fog	mist	mist
foggy	misten	misten
folding trailer	vouwcaravan	fow-ker-e-fan
folkloristic	folkloristisch	folk-lor-istees
follow	volgen	fol-khen
food	levensmiddelen	layfensmiddelen
food	voedsel	foodsel
food poisoning	voedselvergiftiging	foodsel-ferkhiftikhing
foot	voet	foot
for	voor	for
for hire	te huur	te hoor
forbidden	verboden	ferboaden
forehead	voorhoofd	foar-hoaft
foreign	buitenlands	bowtenlants
forget	vergeten	fer-khayt-en
fork	vork	for-ek
form	formulier	form-oo-leer
fort	fort	fort
forward	doorsturen	doar-stooren
fountain	fontein	fontayn
frame	montuur	montoor
franc	frank	frank
free (without charge)	gratis	khratis
free (available)	vrij	fraye
free time	vrije dag	fraya-dakh
freeze	vriezen	freezen
French	Frans	Frans
French bread	stokbrood	stokbroad
French fries	patates frites	pat-at freet
fresh	vers	fers
Friday	vrijdag	fraye-dakh
fried	gebakken	khe-bakken
fried egg	spiegelei	speekhel-aye
friend	vriend	freent
friendly	vriendelijk	freendelik
frightened	bang	bang
fruit	fruit	frowt
fruit juice	vruchtensap	frukhtensap
frying pan	koekenpan	kookenpan
full	vol	fol
fun	plezier	plezeer

G

gallery	galerie	khaleree
game	spelletje	spell-et-ya
garage	garage	khara-zya
garbage bag	vuilniszak	fowl-nis-zak
garden	tuin	town
gas	benzine	benzeena
gas (regular)	normaal benzine	normaal benzena
gas (super)	super benzine	soo-per benzeena
gas (unleaded)	loodvrije benzine	load-fraye benzeena
gas station	benzinestation	benzeena stas-yon
gastroenteritis	maag- en darmstoornis	maakh en dar-em-stoornis
gauze	verbandgaas	ferbant-khaaz
gear	versnelling	fersnelling
gel (hair)	gel	zyel
German	Duits	Dowts
get married	trouwen	trowen
get off	uitstappen	owtstappen
gift	geschenk	khe-skhenk
gilt	verguld	fer-khult
ginger	gember	khember
girl	meisje	mayes-ya
girlfriend	vriendin	freendin
giro card	giropasje	kheero-pass-ya
giro check	girobetaalkaart	kheero-betaal-kaart
glacier	gletsjer	khlets-yer
glass	glas	khlas
glasses (spectacles)	bril	bril
glide	zweefvliegen	zwayf-fleekhen
glove	handschoen	hant-skhoon
glue	lijm	layem
go	gaan	khaan
go back	teruggaan	terukh-khan
go out	uitgaan	owt-khan
goat's cheese	geitenkaas	khey-ten-kaas
gold	goud	khowd
golf course	golfbaan	kholf-baan
gone	weg	vekh
good afternoon	goedemiddag	khooda-middakh
good evening	goedenavond	khooda-afont
good morning	goedemorgen	khooda-morkha
good night	goedenacht	khooda-nakht
good-bye (n)	afscheid	af-skhayet
good-bye	dag/tot ziens	dakh/tot zeens
grade crossing	spoorwegovergang	spoar-vekh-oafer-khang
gram	gram	khram
grandchild	kleinkind	klayen-kint
grandfather	opa	oapa
grandmother	oma	oama
grape juice	druivensap	drowfen-sap
grapefruit	grapefruit/pompelmoes	grapefroot/pompel-moos
grapes	druiven	drowfen
grass	gras	khras
grave	graf	khraf

gray	grijs	*khrayes*
grease	vet	*fet*
green	groen	*khroon*
green card	groene kaart	*kroona kaart*
greet	begroeten	*be-khrooten*
grill	grillen	*khrillen*
grilled	geroosterd	*khe-roastert*
grocer	kruidenier	*krowdeneer*
ground	grond	*khront*
ground (meat)	gehakt	*khe-hakt*
group	groep	*khroop*
guide	gids	*khids*
guided tour	rondleiding	*ront-layeding*
guilder	gulden	*khulden*
gynecologist	vrouwenarts	*frowenarts*

H

hair	haar	*haar*
hair spray	haarlak	*haarlak*
hairbrush	haarborstel	*haarborstel*
hairdresser (women's/ men's)	kapper (dames/ heren)	*kapper (daam- es/hayr-en)*
hairpins	haarspelden	*haar-spelden*
half	helft	*hel-eft*
half full	halfvol/halfleeg	*hal-ef-fol/hal-ef-laykh*
ham, boiled	gekookte ham	*khe-koakta ham*
ham, raw	rauwe ham	*row-a ham*
hammer	hamer	*haamer*
hand	hand	*hant*
hand brake	handrem	*hant-rem*
handbag	handtas	*hant-tas*
handkerchief	zakdoek	*zakdook*
handmade	handgemaakt	*hand-khe-maakt*
happy	blij	*blaye*
harbor	haven	*haafen*
hard	hard	*hard*
hat	hoed	*hood*
hat (woolen)	muts	*muts*
have one's birthday	jarig zijn	*yarikh zayen*
hayfever	hooikoorts	*hoy-ee-koarts*
hazelnut	hazelnoot	*ha-zel-noat*
head	hoofd	*hoaft*
headache	hoofdpijn	*hoaft-payen*
health	gezondheid	*khe-zont-hayt*
health food shop	horen	*hoaren*
hear	verstaan	*ferstaan*
hearing aid	gehoorapparaat	*khe-hoar-aparaat*
heart	hart	*hart*
heating	verwarming	*fer-varming*
heavy	zwaar	*zwaar*
heel	hak	*hak*
hello	dag/hallo	*dakh/hallo*
helmet	helm	*hel-em*
help (v)	helpen	*helpen*
help (n)	hulp	*hul-ep*
helping (food)	portie	*por-see*
herbal tea	kruidenthee	*krowden-tay*

Word list

15

herbs	kruiden	*krowden*
here	hier	*heer*
here you are (in response)	alstublieft	*als-too-bleeft*
herring	haring	*haaring*
high	hoog	*hoakh*
high tide	vloed	*floo-ed*
highchair	kinderstoel	*kinder-stool*
highway	autoweg/snelweg	*owtoe-vekh/snelvekh*
hiking	wandelsport	*vandel-sport*
hiking boots	bergschoenen	*berkhskhoonen*
hiking trip	trektocht	*trek-tokht*
hip	heup	*h-eu-p*
hire	huren	*hoo-ren*
hitchhike	liften	*liften*
hobby	hobby	*hobby*
hold-up (robbery)	overval	*oafer-fal*
holiday (legal, festival)	feestdag	*fayst-dakh*
holiday (vacation)	vakantie	*vak-ant-see*
holiday park	bungalowpark	*bun-khalow-par-ek*
Holland	Nederland	*Nayderlant*
homesickness	heimwee	*hayemvay*
honest	eerlijk	*ayrlik*
honey	honing	*hoaning*
hood (car)	motorkap	*motorkap*
horizontal	horizontaal	*horizontaal*
horrible	afschuwelijk	*af-skhoo-wa-lik*
horse	paard	*paart*
hospital	ziekenhuis	*zeekenhowse*
hospitality	gastvrijheid	*khast-fraye-hayet*
hot (spicy)	pikant	*pee-kant*
hot	warm	*var-em*
hotel	hotel	*hoatel*
hotwater bottle	kruik	*krow-k*
hour	uur	*oor*
house	huis	*howse*
household items	huishoudelijke artikelen	*howse-howd-a-lika artee-ke-len*
Houses of Parliament	parlementsgebouw	*parlements-khebough*
housewife	huisvrouw	*howse-frough*
how?	hoe?	*hoo*
how far?	hoe ver?	*hoo-fair?*
how long?	hoe lang?	*hoo lang?*
how much?	hoeveel?	*hoo-fayl?*
hungry, be	honger hebben	*hong-er hebben*
hurricane	orkaan	*orkaan*
hurry	haast	*haast*
husband	echtegenoot/man	*ekht-khe-noat/man*
hut	hut	*hut*
hyperventilation	hyperventilatie	*heeper-fen-tilaat-see*

I

ice cream	ijs	*ayes*
ice cubes	ijsblokjes	*ayes-blok-yas*
ice skate	schaatsen	*skhaatsen*
idea	idee	*eeday*
identification	identiteitsbewijs	*eedentitayets-bevayes*

Word list

15

identify	identificeren	eedentifisayren
ignition key	contactsleutel	kontakt-sl-eu-tel
ill	ziek	zeek
illness	ziekte	zeek-ta
imagine (something)	zich voorstellen (iets)	zikh foar-stellen
immediately	onmiddelijk	on-middelik
import duty	invoerrechten	infoor-rechten
impossible	onmogelijk	on-moa-khelik
in	in	in
in the evening	's avonds	safonts
in the morning	's morgens	smorkhens
included	inclusief	in-kloose-eef
indicate	aanwijzen	aanwaye-zen
indicator	richtingaanwijzer	rikhting-aanwaye-zer
industrial art	kunstnijverheid	kunst-naye-ferhayt
inexpensive	goedkoop	khood-koap
infection, bacterial/viral	infectie, bacterie-/virus-	infect-see, bactayree/veerus
infection (inflamed)	ontsteking	ont-stayking
information	informatie	inform-aat-see
information office	inlichtingenbureau	inlikhting-en-boorow
injection	injectie	in-yekt-see
injured	gewond	khe-wont
inner ear	binnenoor	binnen-oar
inner tube	binnenband	binnen-bant
innocent	onschuldig	on-skhuldikh
insect	insect	in-sect
insect bite	insectebeet	insecta-bayt
insect repellent	muggenolie	mukh-khen-oalie
inside	binnen	binnen
insole	inlegzool	inlekh-zoal
instructions	gebruiksaanwijzing	khe-browkse-aanwaye-zing
insurance	verzekering	fer-zaykering
intermission	pauze	powze
international	internationaal	inter-nashun-al
interpreter	tolk	tol-ek
intersection	kruising	krowse-ing
introduce oneself	zich voorstellen aan	zikh forstellen aan
invite	uitnodigen	owt-noadikhen
iodine	jodium	yoadium
iron (metal)	ijzer	ayezer
iron (for ironing)	strijkbout	strayek-bowt
iron (v)	strijken	straye-ken
ironing board	strijkplank	strayek-plank
island	eiland	eye-lant
Italian	Italiaans	Ital-ee-aans
itch	jeuk	y-eu-k
item of clothing	kledingstuk	klayding-stuk

J

jack	krik	krik
jacket	jasje	yas-ya
jam	jam	syem
January	januari	yanoo-aree
jaw	kaak	kaak
jellyfish	kwal	kwal

Word list

15

jeweler	juwelier	yoowel-eer
jewelery	sieraden	seeraaden
jog	joggen	yokhen
joke	grap	khrap
juice	sap	sap
July	juli	yoolee
jumper cables	startkabels	start-kaa-bels
June	juni	yoonee

K

key	sleutel(tje)	sl-eu-tel(tya)
kilo	kilo	keelo
kilometer	kilometer	keelo-mayter
king	koning	koaning
kiss (n)	kus	kus
kiss (v)	kussen	kus-sen
kitchen	keuken	k-eu-ken
knee	knie	ke-nee
knee socks	kniekousen	ke-nee-kowse-en
knife	mes	mes
knit	breien	braye-en
know	weten	wayten

L

lace	kant	kant
lace (shoe)	veter	fayter
lake	meer, het	mayr, het
lamp	lamp	lamp
land (v)	landen	landen
lane	rijstrook	raye-stroak
language	taal	taal
large	groot	khroat
last (at the end)	laatst	laatst
last (the one before this)	vorig	foarikh
late	laat	laat
later	straks	straks
laugh	lachen	lakhen
laundry	wasserette	vas-er-ette
law	recht (juridisch)	rekht (yoo-reedees)
lawyer	advocaat/jurist	ad-vo-kaat/yurist
laxative	laxeermiddel	laxeer-middel
leak	lek	lek
leather	leer	layr
leather goods	lederwaren	layder-waren
leave	vertrekken	fertrekken
leek	prei	praye
left	links	links
left (turn)	linksaf	links-af
leg	been	bayn
lemon	citroen	sit-roon
lend	lenen aan	laynen an
lens	lens	lens
lentils	linzen	linzen
less	minder	minder
lesson	les	les
letter	brief	breef
lettuce	kropsla	krop-sla

Word list

15

library	bibliotheek	*bib-lee-oh-tayk*
lie	liegen	*lee-khen*
lie	liggen	*likh-khen*
light (for cigarette)	vuurtje	*foort-ya*
light (illumination)	licht	*likht*
lighter	aansteker	*aan-stayker*
lighthouse	vuurtoren	*foor-toren*
lightning	bliksem	*bliksem*
like (something)	houden van (iets)	*howden fan (eets)*
line	lijn	*layen*
linen	linnen	*linnen*
lipstick	lippenstift	*lippenstift*
liquor store	slijter	*slaye-ter*
liquorice	drop	*drop*
listen	luisteren	*lowse-teren*
liter	liter	*lee-ter*
literature	literatuur	*liter-a-toor*
little	weinig	*vayenikh*
little, a	beetje, een	*an bayt-ya*
live (inhabit)	wonen	*woanen*
live together	samenwonen	*samen-woanen*
lobster	kreeft	*krayft*
local	plaatselijk	*plaatselik*
lock	(deur)slot	*(deur)slot*
long (distance)	lang	*lang*
long distance call	interlokaal gesprek	*interloakaal khesprek*
look	kijken	*kayeken*
look for	zoeken	*zooken*
look up	opzoeken	*op-zooken*
lose	verliezen	*ferleesen*
loss	verlies	*ferlees*
lost	zoek/kwijt	*zook/kwayet*
lost item	verloren voorwerp	*ferloren foar-werp*
lost and found office	gevonden voorwerpen	*khe-fonden foar-werpen*
lotion	lotion	*loashon*
loud	hard	*hard*
love (v)	houden van	*howden fan*
love (n)	liefde	*leefda*
low	laag	*laakh*
low tide	eb	*eb*
LPG	LPG	*el-pay-khay*
luck	geluk	*kheluk*
luggage	bagage	*bakhaazya*
luggage locker	bagagekluis	*bakhaazya-klowse*
lunch	lunch	*lunch*
lungs	longen	*longen*

M

macaroni	macaroni	*macaroanee*
madam	mevrouw	*mafrough*
magazine	tijdschrift	*tayedskhrift*
mail	post	*posst*
mailbox	postbus	*posst-bus*
mailman	postbode	*posst-boada*
main post office	hoofdpostkantoor	*hoaftposstkantoor*
main road	grote weg	*khroata-vekh*

make love	vrijen	frayen
makeshift	provisorisch	provis-or-ees
man	man	man
manager	beheerder	be-hayrder
mandarin	mandarijn	mandar-ayen
manicure	manicure	mani-koor
map	landkaart	lantkaart
marble	marmer	marmer
March	maart	maart
margarine	margarine	markh-areena
marina	jachthaven	yakht-hafen
market	markt	markt
marriage	huwelijk	hoo-we-lik
married	getrouwd	khe-trowd
Mass (communion)	mis	mis
massage	massage	massaazya
matte (photo)	mat	mat
match	wedstrijd	wedstrayed
matches	lucifers	looseefers
May	mei	maye
maybe	misschien	miss-kheen
mayonnaise	mayonaise	mayon-aisa
mayor	burgemeester	burkh-a-mayster
meal	maaltijd	maaltayed
mean	betekenen	be-taykenen
meat	vlees	flays
medication	geneesmiddel	khenays-middel
medicine	medicijn	may-dee-sayen
meet	ontmoeten/leren kennen	ont-mooten/layra kennen
melon	meloen	mel-oon
membership	lidmaatschap	lidmaatskhap
menstruate	ongesteld (zijn)	on-khesteld (zayen)
menstruation	menstruatie	menstrew-at-see
menu (choice)	menu	men-oo
menu (list)	menukaart	men-oo-kaart
message	boodschap	boatskhap
metal	metaal	may-taal
meter	meter (100 cm)	mayter (honderd senti-mayter)
migraine	migraine	mee-khrayna
mild	licht	likht
milk	melk	mel-ek
millimeter	millimeter	milli-mayter
mineral water	mineraalwater	miner-al-vaater
minute	minuut	min-oot
mirror	spiegel	spee-khel
miss	missen	missen
missing person	vermiste	fermista
mistake	vergissing	ferkhissing
misunderstanding	misverstand	mis-ferstant
mixture	drankje	drank-ya
mocha	mokka	mokka
modern art	moderne kunst	moderna kunst
molar	kies	kees
moment	ogenblik	oakhen-blik
monastery	klooster	kloaster

Monday	maandag	maan-dakh
money	geld	khelt
month	maand	maant
moped	brommer	brommer
morning-after pill	morning-afterpil	morning-after pill
mosque	moskee	moskay
mosquito	mug	mukh
motel	motel	moatel
mother	moeder	mooder
motorbike	motor/motorfiets	mo-tor/mo-tor-feets
motorboat	motorboot	motor-boat
motorcross	motorcrossen	motor-crossen
mountain	berg	berkh
mouse	muis	mowse
mouth	mond	mont
much/many	veel	fayl
multi-story parking garage	parkeergarage	parkayr-kharaazya
muscle	spier	speer
muscle spasms	krampen in spieren	krampen in speeren
museum/s	museum/musea	moosayum/moosaya
mushrooms	paddestoelen	paddestool
music	muziek	moozeek
musical	musical	myoozical
mussels	mosselen	mossela
mustard	mosterd	mosterd

N

nail (on hand)	nagel	nakhel
nail	spijker	spaye-ker
nail polish	nagellak	nakhel-lak
nail polish remover	nagellakremover	nakhel-lak remoover
nail scissors	nagelschaartje	nakhel-skhaart-ya
naked	bloot/naakt	bloat/naakt
name (first name)	naam (voornaam)	naam (fornaam)
name (surname)	naam (achternaam)	naam (akhternaam)
napkin	servet	servet
nationality	nationaliteit	nashun-al-ee-tayet
natural	natuurlijk	natoorlik
naturally	natuurlijk	natoorlik
nature	natuur	natoor
naturism	naturisme	natoor-isma
nauseous	misselijk	misse-layek
near	bij	baye
nearby	dichtbij	dikht-baye
necessary	nodig/noodzakelijk	noadikh/ noadzakelayek
neck	nek	nek
necklace	ketting	ketting
nectarine	nectarine	nektareen
needle	naald	naald
negative (photo)	negatief	nekha-teef
neighbors	buren	booren
nephew	neefje	nayf-ya
never	nooit	noy-it
new	nieuw	nee-oow
news	nieuws	nee-oows

newsstand	kiosk	kee-osk
newspaper	krant	kraont
next	volgende	fol-khenda
next to	naast	naast
nice (person)	aardig	aardikh
nice (situation)	gezellig	khe-zellikh
nice (food)	lekker	lekker
niece	nichtje	nikht-ya
night	nacht	nakht
night duty	nachtdienst	nakhtdeenst
nightclub	nachtclub	nakhtklub
nightlife	nachtleven	nakhtlayfen
no	nee	nay
no passing	inhaalverbod	inhaalferbot
noise	lawaai	lawaa-ee
non-stop	non-stop	non-stop
no one	niemand	neemant
normal	gewoon	khe-woan
north	noord	noord
nose	neus	n-eu-s
nose drops	neusdruppels	n-eu-sdruppels
not level	niet vlak	neet flak
notepaper	postpapier	posstpapeer
nothing	niets	nix
November	november	no-fember
nowhere	nergens	nair-khens
nudist beach	naaktstrand	naaktstrant
number	nummer	nummer
number plate	nummerbord	nummerbort
nurse	verpleegster	fer-playkhster
nutmeg	nootmuskaat	noatmuskaat
nuts	noten	noaten

O

October	Oktober	oktoaber
odometer	kilometerteller	keelo-mayter-teller
offer	aanbieden	anbeeden
office	kantoor	kantoar
oil	olie	oalie
oil change	olie verversen	oalee ferversen
oil level	oliepeil	oaleepayl
ointment	zalf	zalf
ointment (for burns)	brandzalf	brant-zalf
okay	akkoord	akkord
old	oud	owd
olive oil	olijfolie	oa-layef-oalee
olives	olijven	oa-layef-en
omelette	omelet	omelet
on	op	op
on board	aan boord	aan boart
on the right	rechtsaf	rekhtsaf
on the way	onderweg	ondervekh
oncoming car	tegenligger	taykhenligger
one-way traffic	eenrichtingsverkeer	aynrikhtings-fer-kayr
onion	ui	ow-ye
open	open	oapa
open, to	openen	oapenen

Word list

15

opera	opera	*op-ay-ra*
operate	opereren	*oper-rayren*
operator	telefoniste	*taylafoaniste*
operetta	operette	*oper-etta*
opposite	tegenover	*taykhen-oafer*
optician	opticien	*optis-ee-yen*
or	of	*of*
orange (color)	oranje	*oran-ye*
orange (fruit)	sinaasappel	*seenas-appel*
orange juice	sinaasappelsap	*seenas-appelsap*
orchestra (theater)	zaal (theater)	*zaal (tay-a-ter)*
order (n)	bestelling	*be-stelling*
order (v)	bestellen	*be-stellen*
other	andere	*an-der-a*
other side	overkant	*oaferkant*
outside	buiten	*bowten*
over the phone	telefonisch	*taylafoanees*
overpass	viaduct	*vee-aaduct*
oysters	oesters	*oosters*

P

packed lunch	lunchpakket	*lunchpakket*
pacifier	fopspeen	*fop-spayn*
page	pagina	*pageena*
pain	pijn	*payen*
painkiller	pijnstiller	*payen-stiller*
paint	verf	*verf*
painting (art)	schilderkunst	*skhilderkunst*
painting (n)	schilderij	*skhilderaye*
pajamas	pyjama	*pee-yama*
palace	paleis	*pal-ayes*
pan	pan	*pan*
pancake	pannenkoek	*panne-kook*
pane	ruit	*rowt*
pants	(lange) broek	*(langa) brook*
panty liner	inlegkruisje	*inlekh-krowse-ya*
paper	papier	*papeer*
paraffin	petroleum	*petroa-layum*
parasol	parasol	*parasol*
parcel	pakje/(post)pakket	*pak-ya/(posst)pakket*
pardon	pardon	*pardon*
parents	ouders	*owders*
park	park	*park*
park (v)	parkeren	*parkayren*
parking space	parkeerplaats	*parkayrplaats*
parsley	peterselie	*payter-saylee*
part	onderdeel	*onder-dayl*
partition	afscheiding	*afskhayeding*
partner	partner	*partner*
partner (female)	vrouw	*frough*
partner (male)	man	*man*
party	feest/feestje	*fayst/fayst-ya*
pass (road)	inhalen	*inhaalen*
passable	begaanbaar	*be-khaan-baar*
passenger	passagier	*passa-syeer*
passport	paspoort	*passpoart*
passport photo	pasfoto	*passfoto*

patient	patiënt	pas-ee-ent
pavement	trottoir	trot-twaar
pay	betalen	be-taalen
pay the bill	afrekenen	af-raykenen
peach	perzik	perzik
peanuts	pinda's	pindaas
pear	· peer	payr
peas	doperwten	dop-air-ta
pedal	pedaal	ped-aal
pedicure	pedicure	pedikoor
pen	pen	pen
pencil	potlood	pot-load
penis	penis	paynis
pension	pensioen	pens-ee-oon
pepper	peper	payper
peppers (green, red)	paprika	pap-ree-ka
performance	voorstelling	foar-stelling
perfume	parfum	par-fum
perm (n)	permanent (haar)	permanent (haar)
perm (v)	permanenten	permanenten
person	persoon	persoan
personal	persoonlijk	persoanlik
petroleum jelly	vaseline	vas-a-leena
pets	huisdieren	howse-deeren
pharmacy	apotheek	ap-oa-tayk
phone booth	telefooncel	tay-la-foan-sel
phone directory	telefoongids	tay-la-foan-khids
phone number	telefoonnummer	tay-la-foan-nummer
photo	foto	foto
photocopier	kopieerapparaat	kopee-ayraparaat
photocopy	fotokopiëren	fotokopee-ayren
pick up	ophalen	ophaalen
picnic	picknick	picknick
pier	pier	peer
pigeon	duif	dowf
pill (contraceptive)	(anticonceptie-) pil	(anticonsept-see) pill
pillow	kussen	kussen
pillowcase	kussensloop	kussensloap
pin	speld	speld
pineapple	ananas	ananas
pipe	pijp	payep
pipe tobacco	pijptabak	payeptabak
pity	jammer	yammer
place of entertainment	uitgaansgelegenheid	owtkhaans-khe-laykhenhayet
place of interest	bezienswaardigheid	bezeens-vaardikh-hayet
plan	plan	plan
plan (of building)	plattegrond	plattakhront
plant	plant	plant
plastic bag	(plastic) tasje	(plastic) tas-ya
plate	bord	bord
platform	spoor/perron	spoar/perron
play	spelen	spayla
play (theater)	toneelstuk	toanayl-stuk
play billiards	biljarten	bil-yarten
play chess	schaken	skhaken
play golf	golfen	kholf-en

play sports	sporten	sporten
play squash	squashen	squashen
play table tennis	tafeltennissen	taafeltennisen
play tennis	tennissen	tennisen
play volleyball	volleyballen	volleyballen
playground	speeltuin	spayltown
playing cards	speelkaarten	spaylkaarten
pleasant	aangenaam	ankhe-naam
please (requesting)	alstublieft (a.u.b.)	als-too-bleeft
pleasure	genoegen	khe-nookhen
plum	pruim	prowm
pocket knife	zakmes	zakmes
point	wijzen	wayezen
poison	gif	khif
police	politie	pol-eet-see
police station	politiebureau	pol-eet-see boo-roa
policeman	agent	a-khent
pond	vijver	vayefer
pony	pony	ponny
pop concert	popconcert	popkonsairt
population	bevolking	befolking
pork	varkensvlees	varkens-flays
port	portwijn	port-wayen
porter (at station)	kruier	krow-yer
porter (at door)	portier	port-eer
potato chips	chips	ships
post (zip) code	postcode	posst-koada
post office	postkantoor	posstkantoor
postage	porto	porto
postcard	briefkaart	breefkaart
postcard (picture)	ansichtskaart	ansikhtskaart
potato	aardappel	aard-appel
poultry	gevogelte	khe-foa-khelta
powdered milk	poedermelk	pooder-mel-ek
power outlet	stopcontact	stop-kontakt
prawns	garnalen	kharnalen
precious	dierbaar	deerbaar
prefer	liever hebben	leefer hebben
preference	voorkeur	foark-eu-r
pregnant	zwanger/in verwachting	zwanger/in fer-vakhting
present (adj)	aanwezig	anwayzikh
present (n)	cadeau	kadoh
press	indrukken	indrukken
pressure	druk/spanning	druk/spanning
price	prijs	prayes
price list	prijslijst	prayes-laye-st
print (n)	afdruk	afdruk
print (v)	afdrukken	afdrukken
probably	waarschijnlijk	waarskhaynlik
problem	probleem	problaym
profession	beroep	beroop
program	programma	prokhramma
pronounce	uitspreken	owtsprayken
prune	gedroogde pruim	khedroakhda prowm
pudding	pudding	pudding
pull	trekken	trekken

Word list

15

pull a muscle	spier verrekken	*speer fer-rekken*
pure	puur	*p-oo-er*
purple	paars	*paarse*
purse	portemonnee	*porta-monnay*
push	duwen	*doowen*
puzzle	puzzel	*puz-zel*

Q

quarter	kwart	*kwart*
quarter of an hour	kwartier	*kwarteer*
question	vraag	*frakh*
quick	vlug	*flukh*
quiet	rustig	*rustikh*

R

radio	radio	*rad-ee-oh*
railways	spoorwegen	*spoor-vaykhen*
rain	regen	*raykhen*
raincoat	regenjas	*raykhen-yas*
raisins	rozijnen	*roaz-aye-nen*
ramp (road)	oprit	*oprit*
rape	verkrachting	*ferkrakhting*
rapids	stroomversnelling	*stroamfersnelling*
raspberries	frambozen	*framboazen*
raw	rauw	*r-ough*
raw vegetables	rauwkost	*r-ough-kost*
razor blades	scheermesjes	*skheermesjes*
read	lezen	*layzen*
ready	klaar	*klar*
really	eigenlijk	*ayekhenlik*
receipt	bon/kwitantie/bewijs (van betaling)/reçu/ kassabon	*bon/kwitant- see/bewayes (fan betaling)/ra-soo/ kassabon*
recipe	recept	*re-sept*
reclining chair	ligstoel	*likh-stool*
recommend	aanbevelen	*aan-befaylen*
rectangle	rechthoek	*rekhthook*
red	rood	*roat*
red wine	rode wijn	*roada wayen*
reduction	reductie	*redukt-see*
refrigerator	koelkast	*koolkast*
regards	groeten, de	*de khrootta*
region	streek/regio	*strayk/raykhee-oh*
registered	aangetekend	*ankhe-taykent*
registration	kentekenbewijs	*kentayken-be-wayes*
relatives	familie	*fam-ee-lee*
reliable	betrouwbaar	*betroughbaar*
religion	geloof	*kheloaf*
rent out	verhuren	*fer-hooren*
repair	repareren	*repar-ayren*
repairs	reparatie	*repar-aatsee*
repeat	herhalen	*herhaalen*
request	verzoeken	*fer-zooken*
reserve (a seat/table)	reserveren	*reser-vayren*
reserved	gereserveerd	*khe-reser-vayrt*
responsible	verantwoordelijk	*ferant-wordelik*

rest	uitrusten	*owt-rusten*
restaurant	restaurant	*restorant*
result	uitslag	*owtslakh*
retired	gepensioneerd	*khe-pens-ee-oa-nayrd*
return (ticket)	retour (kaartje)	*retoor (kaart-ya)*
reverse	achteruitrijden	*akhter-owt-rayeden*
rheumatism	reumatiek	*reumateek*
rice	rijst	*rayest*
ridiculous	onzin	*onzin*
riding (horseback)	paardrijden	*paard-raye-den*
riding school	manege	*manay-zya*
right of way	voorrang	*foar-ang*
ripe	rijp	*rayep*
risk	risico	*ris-ee-ko*
river	rivier	*riveer*
road	weg	*vekh*
road service	wegenwacht	*vaykhenwakht*
roadway	rijweg	*raye-vekh*
roasted	gebraden	*khe-braden*
rock	rots	*rots*
roll	broodje	*broat-ya*
rolling tobacco	shag	*shek*
roof rack	imperiaal	*impeer-eeaal*
room	kamer	*kamer*
room number	kamernummer	*kamernummer*
room service	roomservice	*roomservice*
rope	touw	*t-ough*
rosé	rosé	*roas-ay*
rotary	rotonde	*roat-onda*
route	route	*roote*
rowboat	roeiboot	*roo-ee-boat*
rubber	rubber	*rubber*
rubber band	elastiekje	*elas-teek-ya*
rubbish (nonsense)	flauwekul	*fl-ow-wa kul*
rucksack	rugzak	*rukhzak*
rude	onbeleefd	*onbelayft*
ruins	ruïnes	*roo-een-es*
run into	ontmoeten/	*ont-mooten/*
	tegenkomen	*taykhen-koamen*
running shoes	sportschoenen	*sport-/skhoonen*

S

sad	verdrietig	*ferdreetikh*
safari	safari	*safaree*
safe (n)	kluis	*klows*
safe (adj)	veilig	*fayelikh*
safety pin	veiligheidspeld	*fayelikhayetsspeld*
sail	zeilen	*zayelen*
sailboat	zeilboot	*zayelboat*
salad	salade	*salaa-da*
salad oil	slaolie	*sla-oalee*
salami	salami	*salami*
sale	uitverkoop	*owtferkoap*
salt	zout	*zowt*
same	zelfde	*zelfda*
same, the	hetzelfde	*hetzelfda*
sandy beach	zandstrand	*zant-strant*

Word list

15

sanitary pad	maandverband	maand-ferbant
sardines	sardines	sardeenas
satisfied	tevreden	tefrayden
Saturday	zaterdag	zaterdakh
sauce	saus	sows
sauna	sauna	sauna
sausage	worst	vorst
savory	hartig	hartikh
scarf	das	das
scarf	sjaal	shaal
scenic walk	wandelroute	vandelroote
school	school	skhoal
scissors	schaar	skhaar
scooter	scooter	skooter
scorpion	schorpioen	skhorpee-oon
scrambled eggs	roerei	roo-er-ei
screw	schroef	skhroof
screwdriver	schroevendraaier	skhroofen-draayer
sculpture	beeldhouwkunst	baylt-hough-kunst
sea	zee	zay
seasick	zeeziek	zayzeek
seat	zitplaats	zitplaats/plaats
second	tweede	twayda
second (time)	seconde	seconda
secondhand	tweedehands	twaydahants
sedative	kalmeringsmiddel	kalmayringsmiddel
see	bekijken	bekayeken
self-timer	zelfontspanner	zelfontspanner
semi-skimmed (milk)	half-vol	hal-ef-fol
send	versturen	ferstooren
sentence	zin	zin
September	september	september
serious	ernstig	ernstikh
service	bediening	bedeening
sewing thread	naaigaren	naay-ee-khaaren
shade	schaduw	skhadoow
shallow	ondiep	ondeep
shampoo	shampoo	shampoa
shark	haai	haay-ee
shave	scheren	skhayren
shaver	scheerapparaat	skhayraparaat
shaving brush	scheerkwast	skhayrkwast
shaving cream	scheercrème	skhayrcrem
shaving soap	scheerzeep	skhayrzayp
sheet	laken	laaken
sherry	sherry	sherry
shirt	overhemd/hemd	oaferhemd/hemd
shoe	schoen	skhoon
shoe polish	schoensmeer	skhoon-smayr
shoe shop	schoenenwinkel	skhoonen-vinkel
shoe size	(schoen)maat	(skhoon)maat
shoemaker	schoenmaker	skhoonmaaker
shop	winkel	vinkel
shop (v)	boodschappen doen	boatskhappa doon
shop assistant (male/ female)	verkooper/ verkoopster	ferkoaper/ ferkoapster
shop window	etalage	aytalaazya

shopping center	winkelcentrum	*vinkelsentrum*
short	kort	*kort*
short circuit	kortsluiting	*kortslowting*
shorts	(korte) broek	*(korta)brook*
shoulder	schouder	*skhowder*
show	voorstelling	*foarstelling*
shower	douche	*doosh*
shutter	sluiter	*sl-owa-ter*
sieve	zeef	*zayf*
sign	ondertekenen	*ondertaykenen*
sign (road)	bord (op straat)	*bord (op straat)*
sign (signature)	tekenen	*taykenen*
signature	handtekening	*hanttaykening*
silence	stilte	*stilta*
silver	zilver	*zilver*
silver-plated	verzilverd	*ferzilvert*
simple	eenvoudig	*aynfoudikh*
single (room)	eenpersoons	*aynpersoans*
single (unmarried)	ongetrouwd	*onkhetrowt*
single (person)	vrijgezel	*fraye-khezel*
single (ticket)	enkele reis (kaartje)	*enkela rayes (kaart-ya)*
sir	meneer	*menayr*
sister	zus	*zus*
sit	zitten	*zit-ten*
skimmed (milk)	magere	*maakh-er-a*
skin	huid	*h-owa-t*
skirt	rok	*rok*
sleep	slapen	*slaapen*
sleep well	welterusten	*vel-ta-rusta*
sleeping pills	slaappillen	*slaap-pillen*
slide	dia	*dee-ya*
slip	onderjurk	*onder-yurk*
slow	langzaam	*langzaam*
slow train	stoptrein	*stoptrayen*
small	klein	*klayen*
small change	kleingeld	*klayenkhelt*
smell	stinken	*stinken*
smoke (n)	rook	*roak*
smoke (v)	roken	*roaken*
smoked	gerookt	*kherookt*
smoking compartment	rookcoupé	*roak-koopay*
snake	slang	*slang*
sneakers	sportschoenen	*sport-skhoonen*
snorkel	snorkel	*snorkel*
snow	sneeuw	*snay-oo-wa*
snow chains	sneeuwkettingen	*snay-oo-wa-kettingen*
snowing	sneeuwen	*snay-oo-wen*
soap	zeep	*zayp*
soap box	zeepdoos	*zayp-doas*
soap powder	zeeppoeder	*zayp-pooder*
soccer	voetballen, het	*footballen, het*
soccer match	voetbalwedstrijd	*football-ved-strayet*
socket	stopcontact	*stopkontakt*
socks	sokken	*sokken*
soft drink	frisdrank	*frisdrank*
sole (fish)	tong	*tong*

Word list

sole (shoe)	zool	zoal
someone	iemand	eemant
something	iets	eets
sometimes	soms	soms
somewhere	ergens	erkhens
son	zoon	zoan
soon	gauw	khough
sorbet	sorbet	sor-bet
sore	zweer	zwayr
sore throat	keelpijn	kayl-payen
sorry	sorry	soree
sort	soort	soart
soup	soep	soop
sour	zuur	zoo-er
sour cream	zure room	zoo-er-a roam
source	bron	bron
south	zuid	zowd
souvenir	souvenir	soofeneer
spaghetti	spaghetti	spakhetti
spare	reserve	reserva
spare tire	reserveband	reserva-bant
spare wheel	reservewiel	reserva-weel
speak	spreken	sprayken
special	bijzonder	bayezonder
specialist	specialist	spes-ee-alist
specialty	specialiteit	spes-ee-al-ee-tayet
speed limit	maximumsnelheid	maximumsnelhayet
spell	spellen	spellen
spicy	gekruid	khekrowt
splinter	splinter	splinter
spoiled (food)	bedorven	bedorfen
spoon	lepel	laypel
sport	sport	sport
sports center	sporthal	sporthal
spot	plaats/plek	plaats/plek
sprain	verzwikken	ferzwikken
spring	lente	lenta
square (place)	plein	playen
square (shape)	vierkant	feerkant
square meters	vierkante meter	feerkanta mayter
stadium	stadion	sta-deeyon
stain	vlek	flek
stain remover	vlekkenmiddel	vlekkenmiddel
stainless steel	roestvrij staal	roostvray staal
stairs	trap	trap
stamp	postzegel	posstzaykhel
start	starten	starten
statement	proces-verbaal	prosess-ferbaal
station	station	staashon
statue	standbeeld	stantbaylt
stay	blijven	blayefen
stay	verblijf	ferblayef
steal	stelen	stayla
steel	staal	staal
stench	stank	stank
sting	steken	stayken
stitch	hechting	hekhting

stitch (med.)	hechten	hekhten
stock (cubes)	bouillon (blokjes)	bool-yon (blok-yas)
stockings	kousen	kowse-en
stomach	buik/maag	b-owa-k/maakh
stomachache	buikpijn/maagpijn	b-owa-k-payen/ maakh-payen
stomach cramps	krampen in buik	krampen in b-owa-k
stools	ontlasting	ontlasting
stop	halte	halta
stopover	tussenlanding	tussenlanding
storm	storm	stor-em
storm (v)	stormen	storm-en
straight (hair)	steil (haar)	stayel
straight ahead	rechtdoor	rekhtdoor
straw (drinking)	rietje	reet-ya
strawberries	aardbeien	aardbayen
street	straat	straat
street (side)	straatkant	straatkant
strike	staking	staaking
stroller	kinderwagen	kinder-vakhen
strong (tobacco)	zwaar (tabak)	zwaar (tabak)
study	studeren	stoodayren
stuffing	vulling	fulling
subscriber's number	abonneenummer	abonnay-nummer
subtitled	ondertiteld	onderteetelt
subway	metro	maytro
subway station	metrostation	maytro-stasyon
succeed	lukken	lukken
sugar	suiker	s-owa-ker
sugar lumps	suikerklontjes	s-owa-ker klont-yas
suit	pak	pak
suitcase	koffer	koffer
summer	zomer	zoamer
summertime	zomertijd	zoamertayet
sun	zon	zon
sun hat	zonnehoed	zonna-hoot
sunbathe	zonnebaden	zonna-baaden
Sunday	zondag	zondakh
sunglasses	zonnebril	zonnabril
sunrise	zonsopgang	zonsopkhang
sunset	zonsondergang	zonsonderkhang
sunstroke	zonnesteek	zonnastayk
suntan lotion	zonnebrandcrème	zonnabrantkrem
suntan oil	zonnebrandolie	zonnabrant-oalee
supermarket	supermarkt	supermarkt
surcharge	toeslag	too-slakh
surf	surfen	surfen
surf board	surfplank	surfplank
surname	achternaam	akhternaam
surprise	verrassing	fer-rassing
swallow	doorslikken	doorslikken
swamp	moeras	mooras
sweat	zweet	zwayt
sweater	trui	tr-owa
sweet (n)	snoepje	snoop-ya
sweet (endearing)	lief	leef
sweet (flavor)	zoet	zoot

Word list

15

sweet corn	maïs	maa-yees
sweeteners	zoetjes	zoot-yas
swim	zwemmen	zwemmen
swimming pool	zwembad	zwembat
swimming trunks	zwembroek	zwembrook
swindle	oplichting	oplikhting
switch	schakelaar	skhaakalaar
synagogue	synagoge	sinakhokha
syrup	stroop	stroap

T

tablet	tablet	tab-let
take (a period of time)	duren	dooren
take (for use)	gebruiken	khe-browken
take (medicine)	innemen	in-naymen
take (photo)	(foto)maken	foto(maaken)
take pictures	fotograferen	fotokhrafayren
taken	bezet	be-zet
talcum powder	talkpoeder	tal-ek-pooder
talk	praten	praaten
talk to (intimately)	versieren	fer-seeren
tall	lang	lang
tampons	tampons	tampons
tan (to)	bruin worden	br-owa-n worden
tap	kraan	kraan
tap water	kraanwater	kraan-vaater
taste	proeven	proofen
tax free shop	taxfreewinkel	texfree-vinkel
taxi	taxi	taksee
taxi meter	meter (in taxi)	mayter (in taksee)
taxi stand	taxistandplaats	taksee-stantplaats
tea	thee	tay
teapot	theepot	taypot
teaspoon	theelepel	taylaypel
teat	speen	spayn
telegram	telegram	tayla-khram
telephone	telefoon	tayla-foan
telephoto lens	telelens	taylalense
television	televisie	taylafeesee
telex	telex	taylex
temperature	temperatuur	temper-a-toor
temporary filling	noodvulling	noatfulling
tender	mals	malse
tennis ball	tennisbal	tennisbal
tennis court	tennisbaan	tennisbaan
tennis racquet	tennisracket	tennisrack-et
tenpin bowling	bowlen	boalen
tent	tent	tent
tent peg	haring	haaring
terrace	terras	ter-as
terribly	ontzettend	ont-zett-ent
thank	bedanken	bedanken
thank you	dank u wel	dank oo vel
thanks	bedankt	bedankt
thaw	dooien	doa-yen
the day before yesterday	eergisteren	ayr-khistera
theater	schouwburg	skh-ough-burkh

theft	diefstal	deefstal
there	daar	daar
thermal bath	thermisch bad	tairmees bat
thermometer	thermometer	tairm-oh-mayter
thick	dik	dik
thief	dief	deef
thigh	dij	daye
thin	dun	dun
thin	mager	maakher
things	spullen	spulla
think	denken	denken
third	derde	derda
thirst, be	dorst hebben	dorst hebben
this afternoon	vanmiddag	fan-middakh
this evening	vanavond	fan-afont
this morning	vanmorgen	fan-morkha
thread	draad	draad
thread	garen	kharen
throat	keel	kayl
throat lozenges	keelpastilles	kaylpastee-yes
throw up	braken	braaken
thunderstorm	onweer	onwayr
Thursday	donderdag	donderdakh
ticket	kaartje	kaart-ya
tickets	plaatskaarten	plaats-kaarten
tidy	opruimen	oprowmen
tie	das	das
tights	panty	pantee
time	tijd	tayet
times	maal (keer)	maal (kayr)
timetable	dienstregeling	deenst-raykheling
tire	buitenband	bowtenbant
tire lever	bandenlichter	bandenlikhter
tire pressure	bandenspanning	banden-spanning
tissues	papieren zakdoekjes	papeeren zakdookyas
toast	toast	toast
tobacco	tabak	tabak
today	vandaag	fandaakh
toe	teen	tayn
together	samen	saamen
toilet	w.c.	way say
toilet paper	toiletpapier	twalet-papeer
toilet seat	bril (w.c.)	bril
toiletries	toiletartikelen	twalet-arteekelen
tomato purée	tomatenpuree	tomaten-pooray
tomato sauce	tomatenketchup	tomatenketchup
tomorrow	morgen	morkhen
tongue	tong	tong
tonic water	tonic	tonic
tonight	vanavond/vannacht	fanafont/fannakht
too much	te veel	te fayl
tools	gereedschap	kheraydskhap
tooth	tand	tant
toothache	kiespijn	keespayen
toothbrush	tandenborstel	tandenborstel
toothpaste	tandpasta	tandpasta

Word list

15

toothpick	tandenstoker	tandenstoaker
top	stoppen	stoppen
top up	bijvullen	bayefullen
total	totaal	toataal
tough	taai	taa-ya
tour	rondrit	rondrit
tour guide	reisleider	rayes-layeder
tourist card	toeristenkaart	tooristen-kaart
tourist class	toeristenklasse	tooristen-klasse
Tourist Information office	VVV-kantoor	vay-vay-vay-kantoor
tow	slepen	slaypen
tow rope	sleepkabel	slayp-kaab-el
towel	handdoek	handdook
tower	toren	tor-en
town	stad	stat
town walk	stadswandeling	statsvandeling
town/city map	stadsplattegrond	stats-platta-khront
toy	speelgoed	spayl-khood
traffic	verkeer	fer-keer
traffic light	verkeerslicht	fer-keers-likht
trailer	caravan	ker-ef-an
train	trein	trayen
train ticket	treinkaartje	trayen-kaart-ya
train timetable	spoorboekje	spoar-book-ya
translate	vertalen	fer-taalen
travel	reizen	rayesen
travel agent	reisbureau	rayes-booroa
travel guide	reisgids	rayes-khids
traveler	reiziger	rayes-ikher
traveler's check	reischeque	rayes-shek
treatment	behandeling	behandeling
triangle	driehoek	dreehook
trim	bijpunten	bayepunten
tip	fooi	foay-ee
trip (journey)	reis	rayes
trip (outing)	uitstapje/tocht	owtstap-ya/tokht
trouble	last	last
trout	forel	forel
truck	vrachtwagen	frakht-vaagon
trustworthy	betrouwbaar	be-trough-baar
try on	passen/aanproberen	passen/ aanprobayren
tube	tube	tooba
Tuesday	dinsdag	dinsdakh
tumble drier	droogtrommel	droakhtrommel
tuna	tonijn	tonayen
tunnel	tunnel	tunnel
turn	keer	kayr
TV	tv	tay-fay
tv guide	radio-en tv gids	rad-ee-o en tay-fay khids
tweezers	pincet	pinset

U

ugly	lelijk	laylik
umbrella	paraplu	para-ploo
under	onder	onder

underground railway system	metronet	maytro-net
underpants	onderbroek	onderbrook
understand	begrijpen	be-khrayepen
underwear	ondergoed	onder-khood
undress	uitkleden	owt-klayden
unemployed	werkloos	werk-loas
uneven	ongelijk	on-khelayek
university	universiteit	ooni-fers-it-tayet
unleaded	loodvrij	loadfraye
up	(naar) boven	(naar) boafen
urgent	dringend	dringent
urgently	spoed	spood
urine	urine	oo-reena
usually	meestal	maystal

V

vacate	ontruimen	ont-rowmen
vacation home	(vakantie-) huisje	(vak-ant-see-) howse-ya
vaccinate	inenten	inenten
vagina	vagina	vakheena
vaginal infection	vaginale infectie	vakheenala infekt-see
valid	geldig	kheldikh
valley	dal	dal
valley	vallei	vall-aye
valuable	kostbaar	kostbaar
van	bestelbusje	bestel-bus-ya
vanilla	vanille	vanee-ya
vase	vaas	vaas
veal	kalfsvlees	kal-efs-flays
vegetable soup	groentesoep	khroonta-soop
vegetables	groente	khroonta
vegetarian	vegetariër	vekhetar-ee-ar
vein	ader	aader
vending machine	automaat	owtomaat
venereal disease	geslachtsziekte	kheslakhtsziekta
via	via	vee-a
video camera	film camera	fil-em kam-era
video recorder	videorecorder	videe-o-recorder
video tape	videoband	videe-o-bant
view	uitzicht	owtzikht
village	dorp	dorp
visa	visum	veesum
visit	bezoek	bezook
visit	visite	vis-eeta
vitamin tablets	vitaminetabletten	vitameena-tabletten
vitamins	vitamine	vita-meena
volcano	vulkaan	vulkaan
vomit	overgeven	oafer-khayfen

W

wait	wachten	vakhten
waiter	ober	oaber
waiting room	wachtkamer	vakht-kaamer
waitress	serveerster	servayrster
wake up	wekken	wekken

Word list

15

walk	lopen	loapen
walk (n)	wandeling	vand-a-ling
wallet	portefeuille	porta-foo-ye
wardrobe	garderobe	kharda-roaba
warn	waarschuwen	vaarskhoowen
warning	waarschuwing	vaarskhoowing
wash	wassen	wassen
washing	was/wasgoed	was/waskhood
washing machine	wasmachine	was-masheena
wasp	wesp	wesp
water	water	vaater
water (from faucet)	leidingwater	layeding-vaater
waterski	waterskiën	vaaterskee-en
waterproof	waterdicht	vaater-dikht
wave pool	golfslagbad	golf-slakh-bat
way	kant/richting	kant/rikhting
way (manner)	middel	middel
we	we/wij	wa/waye
weak	zwak	zwak
weather	weer, het	wayr, het
weather forecast	weerbericht	wayrbericht
wedding	bruiloft/huwelijk	brow-loft/hoo-wa-lik
Wednesday	woensdag	woonsdakh
week	week	wayk
weekend	weekend	week-ent
weekend duty	weekenddienst	week-ent-deenst
weekly ticket	weekabonnement	wayk-abonna-ment
welcome	welkom	welkom
well	goed	khood
west	west	west
wet	nat	nat
wetsuit	surfpak	surfpak
what?	wat?	vat?
wheel	wiel	weel
wheelchair	rolstoel	rolstool
when?	wanneer?	vaneer
where?	waar?	vaar
which?	welk	vel-ek
whipped cream	slagroom	slakhroam
white	wit	vit
who?	wie?	vee?
whole wheat	volkoren	folkoaren
whole wheat bread	volkorenbrood	folkoarenbroad
why?	waarom?	vaarom?
wide-angle lens	groothoeklens	khroathooklens
widow	weduwe	waydoowa
widower	weduwnaar	waydoownar
wife	echtgenote/vrouw	ekhtkhenoata/frough
wind	wind	vint
windbreak	windscherm	vintskhairm
windmill	molen	moalen
window (at counter)	loket	lok-et
window (in wall)	raam	raam
windshield wiper	ruitenwisser	rowtenvisser
wine	wijn	wayen
wine list	wijnkaart	wayen-kaart
winter	winter	vinter

witness	getuige	*khetowkha*
woman	vrouw	*frough*
women's briefs	slipje	*slip-ya*
women's toilet	damestoilet	*dames-twalet*
wonderful	heerlijk	*heerlik*
wood	hout	*howt*
wool	wol	*wol*
word	woord	*woard*
work	werk	*verk*
working day	werkdag	*verkdakh*
worn	versleten	*ferslayten*
worried	ongerust	*onkherust*
wound	wond	*wont*
wrap	inpakken	*in-pakken*
wrench	moersleutel	*moorsl-eu-tel*
wrenches, open-ended	steeksleutels	*steek-sl-eu-tels*
wrist	pols	*pols*
write	schrijven	*skhrayefen*
write down	opschrijven	*opskhrayefen*
writing pad	blocnote	*blocknoat*
writing paper	briefpapier	*breefpapeer*
written	schriftelijk	*skhriftelik*
wrong	verkeerd	*ferkayrd*

Y

yacht	jacht	*yakht*
yard sale	rommelmarkt	*rommelmarkt*
year	jaar	*yaar*
yellow	geel	*khayl*
yes	ja	*ya*
yes, please	graag	*khraakh*
yesterday	gisteren	*khistera*
you	u/je	*oo/ya*
you too	insgelijks	*ins-khe-layeks*
youth hostel	jeugdherberg	*yeukht-herberkh*

Z

zebra pedestrian crossing	zebrapad	*zaybrapat*
zipper	rits	*rits*
zoo	dierentuin	*deerentown*
zucchini	courgette	*koor-syette*

Word list

Basic grammar

1 Articles

Dutch nouns are either of common masculine/feminine gender or neuter.

The definite article (the)
The definite article in Dutch is either **de** or **het**. About two-thirds of all singular nouns take the common gender article **de** and all plurals are **de** words. The neuter form **het** is used for neuter singular nouns and all diminutives (**meisje, fietsje, tasje**). The **-je** ending of a word denotes a diminutive.

The indefinite article (**a, an**)
Nouns of both genders take the indefinite article **een**, often unstressed and pronounced similarly to **an** in another. The same word also means one but is then stressed as **ay** in say.

2 Plural

The most common plural form in Dutch is the **-en** ending of words:
woord (sing.)   **woorden** (plural)
dag (sing.)   **dagen** (plural).

Nouns with a double vowel drop one of them when the -en is added to form the plural:
uur (sing.)   **uren** (plural)
boot (sing.)   **boten** (plural).

Most nouns ending in **-s** or **-f** change this to **-z** and **-v** when the **-en** is added:
prijs (sing.)   **prijzen** (plural)
brief (sing.)   **brieven** (plural).

Borrowed words from other languages and those ending in **-el, -em, -en, -aar,** and the diminutive **-je** generally take an **-s** to form the plural:
tafel (sing.)   **tafels** (plural)
deken (sing.)   **dekens** (plural)
winnaar (sing.)   **winnaars** (plural)
meisje (sing.)   **meisjes** (plural)

3 Adjectives

Adjectives that immediately precede a noun normally take an **-e** ending:
de oude vrouw
een prettige vakantie

When the adjective follows the noun the adjective does not usually take an **-e** ending and the same is true of neuter singular nouns preceded by **een** or where the words **elk/ieder** (each), **veel** (much). **zulk** (such), and **geen** (no) precede the adjective:
een wit huis
elk goed boek
veel vers fruit
zulk mooi weer
geen warm water